Die Völkerschlacht bei Leipzig

W0329295

PLACE DE LEIPZIG.

Steffen Poser

Die Völkerschlacht bei Leipzig

»In Schutt und Graus begraben«

Herausgegeben vom
Stadtgeschichtlichen Museum Leipzig

Edition Leipzig

Umschlagmotiv: Ernst Wilhelm Straßberger, Rückzug der Franzosen durch Richters Garten am 19. Oktober, um 1850
Frontispiz: Stempel der französischen Militärverwaltung in Leipzig
Abbildungen: Fotothek des Stadtgeschichtlichen Museums Leipzig

Bibliografische Information der Deutschen Nationalbibliothek
Die Deutsche Nationalbibliothek verzeichnet diese Publikation in der Deutschen Nationalbibliografie; detaillierte bibliografische Daten sind im Internet über http://dnb.d-nb.de abrufbar.

ISBN 978-3-361-00691-1

© 2013 by Edition Leipzig in der Seemann Henschel GmbH & Co. KG und Stadtgeschichtliches Museum Leipzig
www.edition-leipzig.de

Die Verwertung der Texte und Bilder, auch auszugsweise, ist ohne Zustimmung des Verlages urheberrechtswidrig und strafbar. Dies gilt auch für Vervielfältigungen, Übersetzungen, Mikroverfilmungen und für die Verarbeitung mit elektronischen Systemen.

Umschlaggestaltung: Lambert und Lambert, Düsseldorf
Layout und Satz: Gisela Kirschberg, Berlin
Herstellung: Thomas Flach
Reproduktionen: Bild1Druck, Berlin
Druck und Bindung: Gorenjski tisk storitve, Kranj, Slowenien

Printed in Slovenia
Gedruckt auf alterungsbeständigem Papier mit chlorfrei gebleichtem Zellstoff

Inhalt

Schlachtenbummler
Prolog 7

Napoleon ante portas
1806. Die ersten französischen Soldaten in Leipzig 8

Doch der Glanz hat mich verleitet …
1807. Napoleon und Leipzig 18

Partnerschaft mit Schönheitsfehlern
1807 bis 1811. Der Preis der Freundschaft 24

Mit Mann und Ross und Wagen hat sie der Herr geschlagen
1812. Russlandfeldzug 32

Alles Deutschland oder was?
Stimmen gegen Napoleon 42

Neue Allianzen
1813. Frühjahrsfeldzug 50

Ruhe vor dem Sturm
1813. Waffenstillstand 63

Herbst
1813. Beginn des Feldzugs 76

14. Oktober
Reitergefecht bei Liebertwolkwitz 80

15. Oktober
Vorbereitungen auf die Schlacht 91

16. Oktober
Die Truppen marschieren auf 92
Wachau am Vormittag 95
Connewitz 99
Wachau am Nachmittag 101
Möckern 104
Lindenau 107
Zwischenbilanz 108

17. Oktober
Feuerpause 113

18. Oktober
Auf dem Siedepunkt 115
Noch eine Zwischenbilanz 121

19. Oktober
Das Ende der Schlacht 124

Freund oder Feind?
König Friedrich August 138

Ein Bild des Jammers in grellen Farben
Letzte Bilanz und Neubeginn 140

Diesmal auf der richtigen Seite?
Die sächsische Armee auf Seiten der Verbündeten 154

Noch mehr Freiheitskämpfer
Freiwillige Sachsen 159

Leipzig feiert wieder
1814. Der erste Jahrestag der Schlacht 163

Anmerkungen 168

Literaturhinweise 172

Schlachtenbummler

Prolog

»Vier Flintenkugeln und ein schwedischer Knopf, welche Dinge mein Moritz nach der fürchterlichen Schlacht am 19. October 1813 um in und bey Leipzig im Richterschen Garten … Ranstädter Thore gefunden und sich zum Andenken aufheben will.

Leipzig d. 27. Oct. 1813
J. G. D. Schreber«

In einer zerdrückten Pappschachtel hat sich der schlichte Zettel erhalten, Knopf und Kugeln sind verschwunden. Man könnte rasch darüber hinweggehen, doch lohnt ein zweiter Blick durchaus.

Da ist also am 27. Oktober 1813 ein gewisser Johann Gotthilf Daniel Schreber, ein Leipziger Arzt, mit seinem damals fünfjährigen Sohn nur wenige Tage nach der Völkerschlacht im Westen Leipzigs im wahrsten Wortsinne als »Schlachtenbummler« unterwegs. Man sammelt Souvenirs! Das Gesehene muss den kleinen Moritz bestürzt haben. Noch Jahre später und immer wieder hat Daniel Gottlob Moritz Schreber von diesem frühesten Kindheitserlebnis gesprochen.[1] Kaum ein Familienvater käme heute auf die Idee, seinem kleinen Sprössling die Schrecken eines kaum eine Woche alten Schlachtfeldes zuzumuten. Ob der erlittene Schock eine Ursache dafür war, dass der spätere Arzt und Pädagoge zum Verfechter ausgesprochen bizarrer Erziehungsmethoden wurde, lässt sich kaum sagen. So empfahl er den Einsatz absonderlicher Apparaturen, um den kindlichen Körper zu gerader Haltung zu zwingen.

Das Ereignis, das Vater und Sohn vor das Ranstädter Tor lockte, hat neben der Familie Schreber Millionen Menschen bewegt und Hunderttausende ganz unmittelbar und viel direkter denn nur als unbeteiligte Zuschauer betroffen – die Völkerschlacht bei Leipzig.

Dass jenes Wüten der Kriegsfurie für nahezu hundert Jahre das ärgste bleiben sollte, konnten die Zeitgenossen nicht ahnen. Dass sich mit ihm für Leipzig, für Sachsen, ja für ganz Europa eine wilde und bewegte Ära dem Ende zuneigte, die einen ganzen Kontinent gründlich durcheinandergewirbelt hatte, wurde freilich recht schnell offensichtlich.

Napoleon ante portas

1806. Die ersten französischen Soldaten in Leipzig

Im Februar 1807 fasst der Leipziger Medizinprofessor Conrad Joseph Kilian die Ängste und Sorgen vieler Leipziger Bürger zusammen und orakelt:

> *»Orkane wüthen, Wetter brausen, Meteore ziehen durch die Lüfte; Stürme auf Stürme empören das Meer, Wasserfluthen überschwemmen Land und Städte, Berge stürzen ein, der Winter treibt Knospen und Blüthen und Saamen, des Krieges Drangsalen und Verheerungen haußen aller Orten, Wissenschaften und Handel liegen darnieder, und – Jeglicher forschet nach der Deutung dieser Zeichen, und bang und beklommen ob des jetzigen Welt-Ungewitters, hört man von allen Seiten und aus Jedweden Munde einstimmig die Frage ertönen: ›Wie soll, wie wird es Uns am Ende noch ergehen?‹ … Und es mangelt nicht an deutschen Männern und Zeitungs-Schreibern, die nicht achtend des Hochverrathes an Vernunft, Nation und Vaterland, das Alte mit frecher Zunge höhnen, und die neuen Formen der Zeit … der Welt als das höchste Ideal der Formbildung menschlicher Gesellschaft verkünden und anpreisen.«*[2]

Begonnen hat alles als ferner Donner auf der Bühne des Welttheaters. Die Nachrichten von der Französischen Revolution schrecken ganz Europa aus dem Alltag. Das aufziehende bürgerliche Zeitalter ruft bald den entschiedenen Widerstand des alten Europa hervor. Die Monarchien des Kontinents machen gegen den Virus der Revolution mobil. Nur allzu gern hätte man sich in Sachsen auf die Rolle des unbeteiligten Zuschauers beschränkt. Bis 1806 scheint diese Rechnung auch aufzugehen.

1793 glaubt sich der sächsische Kurfürst Friedrich August III. als Fürst des Reiches noch zur Teilnahme am ausgerufenen Reichskrieg gegen das revolutionäre Frankreich verpflichtet, doch 1796 verlässt er die Koalition. Nachdem bereits mehrere Reichsstände einen Separatfrieden mit Frankreich geschlossen haben, sieht der sächsische Monarch keinen Grund für sein Verbleiben in einem Kriegsbündnis, dem er vor allem aus Pflichttreue zur althergebrachten Reichsverfassung beigetreten war. In den folgenden Jahren versucht er, sein Land aus den politischen Händeln herauszuhalten und eine neutrale Position einzunehmen. Damit nähert er sich Preußen an, dessen König Friedrich Wilhelm III. mit dem Projekt eines norddeutschen Kaiserreiches unter seiner Führung liebäugelt. Der alte Zwist des Siebenjährigen Krieges ist vergessen und das Verhältnis Sachsens zu Preußen weitaus

Johann Lorenz Rugendas, Die Schlacht bei Jena, kolorierte Radierung, um 1810

freundlicher als das zu Frankreich. Als 1806 gegen Preußen gerichtete französische Provokationen sich auch gefährlich dem Wettiner Kurfürstentum nähern, bleibt allerdings wenig anderes übrig, als anstelle der geliebten Haltung der Neutralität eine »bis hierher und nicht weiter«-Position zu beziehen. Sachsen schliddert gemeinsam mit dem völlig unvorbereiteten Preußen in einen Krieg, dessen zwei wichtigste Schlachten, die von Jena und Auerstedt im Oktober 1806, deutlich machen, wie sehr sich der norddeutsche Partner nur noch auf den verblassenden Ruhm des Alten Fritz verlassen hatte und wie wenig der angesichts der hochmodernen Armee eines genialen Feldherrn wie Napoleon Bonaparte zählt.

1806 kommt auch die sächsische Metropole Leipzig unmittelbar mit den aktuellen kriegerischen Ereignissen in Berührung. Ihr Wohlstand, die gut ausgebaute Infrastruktur und ihre strategische Lage haben die Stadt von jeher zum beliebten Quartiersstandort durchziehender Truppen, Faustpfand feindlicher Heerführer und schier unerschöpflichen Quell endloser Forderungen beutegieriger Feldherren gemacht.

Die Leipziger Tiefebene ist ein extrem flacher Teller, auf dem sich die 1 000 Jahre alte Stadt dem Besucher präsentiert. Die höchsten Erhebungen der näheren Umgebung sind bestenfalls kleinere Buckel. Parthe, Pleiße und Elster vereinigen sich hier und machen im Verein mit einer Vielzahl von zumeist namenlosen Wasserläufen und Rinnsalen den ohnehin sumpfigen Boden der Gegend oft zu schwer passierbarem Gelände.

Links: Pierre Alexandre Tardieu, Napoleon I., Empereur des Français et Roi d'Italie, kolorierter Kupferstich nach Jean Baptiste Isabey, 1805
Rechts: Christian Gottfried Heinrich Geißler, Durchzug der Preussischen Gefangenen vom Hohenloheschen Corps nach Frankreich, kolorierte Radierung, 1808

Rings um Leipzig liegt ein Gürtel recht wohlhabender, in der Regel gut ausgebauter Dörfer. Sie verfügen über relativ breite Straßen, etliche steinerne Gebäude und sind oft mit Lehmmauern oder Hecken umfriedet. Zum Teil sind sie Eigentum des Rates der Stadt oder unterstehen zumindest seiner Gerichtsbarkeit. Für die Versorgung der städtischen Bevölkerung sind sie unverzichtbar, zugleich sind sie auch beliebte Ausflugsziele. Die wirtschaftlich nicht genutzten Flächen zwischen den Dörfern bedecken kleinere Waldstücke und dichtes Gestrüpp. Gemeinsam mit dem insbesondere nach starken Regenfällen morastigen Boden bilden sie natürliche Barrieren für das Bewegen größerer Menschenmassen, wie sie bei den zahlreichen Truppenbewegungen der napoleonischen Zeit an der Tagesordnung sind.

Im frühen 19. Jahrhundert zählt Leipzig mit seinen etwa 32 000 Einwohnern zu den Großstädten im sächsischen Kurfürstentum. 1 340 Häuser umfasst die Stadt um 1800, knapp 800 in der inneren Stadt, der Rest in den sogenannten Vorstädten. Stadt und Vorstädte werden von Ringmauern umgrenzt, durch die vier Haupttore und vier Pforten den offiziellen Zugang gewährleisten. Die Haupttore – das Hallische Tor im Norden, das Grimmaische Tor im Osten, das Peterstor im Süden und das Ranstädter Tor im Nordwesten – waren namensgebend für die vier dahinterliegenden Stadtteile. Die mittelalterlichen Befestigungsanlagen waren seit dem 18. Jahrhundert allmählich zu mit Baumalleen bepflanzten Reit- und Spazierwegen um-

Napoleon zupft den schlafenden deutschen Michel am Bart,
Federzeichnung in Braun über Bleistift, um 1810

gewandelt und teilweise bebaut worden. Anstelle von Stadtgraben, Wällen und Schanzen waren die Promenaden um die Stadt weiter ausgebaut worden.

Die Stadt Leipzig ist nicht nur eine bedeutende Handelsstadt, sondern kann sich auch einer der ältesten deutschen Universitäten rühmen; 1809 feiert diese ihr 400-jähriges Bestehen. Das bestimmende Element im Lebensnerv Leipzigs aber ist der Handel. Um 1800 steht Leipzig auf Platz eins der Messeplätze des Heiligen Römischen Reiches. Mehrere Messen im Jahr bestimmen das öffentliche Leben. Bis zu 12 000 Menschen strömen in Messezeiten in die Stadt und verhelfen ihren Bürgern zu erheblichem Wohlstand. Der lässt sich an der Existenz einiger bürgerlicher Kunstsammlungen, einem reichen Angebot an Konzerten, Theateraufführungen und mehr oder minder anspruchsvollem Zeitvertreib aller Art wie auch der Pracht der barocken Gartenanlagen mit Orangerien, Treibhäusern und großzügig angelegten Flanierwegen im Besitz der wirtschaftlich erfolgreichsten Bürger erkennen.

Im Oktober 1806 ist es dann so weit: Leipzig verliert im Welttheater der napoleonischen Epoche seine Rolle als Zuschauer. Die sächsische Armee zieht mit den Preußen gegen Napoleon Richtung Saale. Derweil ist Leipzig

Christian Gottfried Heinrich Geißler, Französische Soldaten bieten den Leipzigern Kriegsbeute feil, kolorierte Radierung, um 1807

weitgehend ungeschützt. Ein ungenannter Leipziger erinnert sich an die ersten Soldaten Napoleons in der Stadt:

> *»Am 13. früh erschien mit Anbruch des Tages wirklich ein kleines französisches Husarencommando ohngefähr 50 Mann stark vor dem äußersten Petersthor. Indeß die meisten von ihnen rings umher Posten ausstellten, drangen ohngefähr die 6 übrigen in die Stadt ein. Sie bemächtigten sich eines Grenadierhauptmanns und einiger Grenadiere, welche gestern hierher versprengt worden waren und in der Eil die leerstehende Hauptwache besetzt hatten.«*[3]

Dann verschwindet das Vorauskommando wieder. Wirklich Entscheidendes geschieht im Thüringischen.

Am 14. Oktober stehen bei Jena 53 000 Soldaten Sachsens und Preußens rund 96 000 Franzosen gegenüber. Im weiter nördlich gelegenen Auerstedt sind die Preußen mit Kavallerie und Artillerie deutlich überlegen – jedoch nützt ihnen dies nicht. Aus beiden Situationen gehen die Soldaten Napoleons als deutliche Sieger hervor. Tausende Soldaten bezahlen die beiden Schlachten mit ihrem Leben. Der Rückzug der sächsisch-preußischen Truppen wird zur regelrechten Flucht. Die Befehlshaber der preußischen Armee demonstrieren mitsamt ihrem König ein Paradebeispiel an Wankelmut, zänkischem Kollegenneid und von Kastengeist diktierter Ignoranz. Der spätere preußische Feldmarschall August Wilhelm Antonius Graf Neidhardt von Gneisenau ist im Range eines Hauptmanns an der Schlacht bei Jena beteiligt und resümiert ein Jahr später:

Christian Gottfried Heinrich Geißler, Franzosen ziehen in Leipzig ein, kolorierte Radierung, um 1810

> *»Die Unfähigkeit …, einen soliden Feldzugsplan zu entwerfen, … die Uneinigkeit der Koriphäen des Generalstabes, … unsere des Krieges entwohnte Armee, der beinahe in allen Zweigen sichtbare Mangel an Vorbereitung derselben, … die schlechte Verfassung unserer Regiments-Artillerie, … die schlechte Beschaffenheit unserer Waffen, die Untauglichkeit der meisten unserer Generale; und, um alles zu umfassen, unser Eigendünkel, der uns nicht mit der Zeit fortschreiten ließ, pressen dem Patrioten stille Seufzer aus …«*[4]

Augenfälliger und dramatischer als hier können altes und neues Zeitalter nicht aufeinandertreffen. Das Desaster scheint vollkommen.

Der preußische Monarch flüchtet in die Provinz, seine Generale ergeben sich reihenweise. Sachsen wird von den Franzosen besetzt. Napoleon lässt sich bereits am Tag nach Jena und Auerstedt von den sächsischen Offizieren schwören, künftig nicht mehr gegen Frankreich kämpfen zu wollen, und entlässt daraufhin generös rund 6000 Sachsen aus einer nur eintägigen Kriegsgefangenschaft. Die noble Geste soll den Kurfürsten verhandlungsbereit stimmen. An den Landesgrenzen, in den Städten und Dörfern werden an Grenzpfählen und Anschlagtafeln Zettel mit der Aufschrift *»Territoire de la Saxe Electorale – Pays Neutre.«* (Territorium des Kurfürstentums Sachsen – neutrales Gebiet) befestigt. Die französischen Soldaten sollen sich nicht wie in Feindesland benehmen. In Leipzig ist man dennoch voller banger Erwartungen. Die Nachrichten aus Thüringen sind inzwischen auch in die Messestadt vorgedrungen. Auf den Straßen und Plätzen wird die aktuelle Lage, über die keiner etwas Genaues weiß, mit Leidenschaft diskutiert. Der Rat der

Carl Benjamin Schwarz, Der Rossmarkt, Aquarell über Bleistift, um 1800

Stadt organisiert deshalb sogar eine Bürgerwache, die beim erwarteten Einrücken der Franzosen unter den Leipzigern für Ruhe und Ordnung sorgen soll. Dann endlich nähern sich die Sieger von Jena und Auerstedt der Stadtgrenze.

> *»Der 18. Oktober trat ein. Es trat ein jener merkwürdige Tag, der den Bewohnern Leipzigs gewiß eben so gut unvergesslich syn wird, als den Bewohnern Wiens der 13te November im Jahr 1805* [Besetzung Wiens durch napoleonische Truppen]. *Schon des Morgens an diesem Tage ward man davon benachrichtigt, daß bereits in und um Markranstädt, drei kleine Stunden von Leipzig, auf der Straße nach Weißenfels zu, der Vortrab eines ohnstreitig sehr bedeutenden französischen Corps zu spüren sey. … Unterdessen ruhte man auch heute von der Aushöhe des Schloßthurms oder sogenannten Observatoriums aus die ganze Zeit über mit aufmerksamen Augen und angewendeten Fernröhren … Gegen 2 Uhr des Nachmittags berichteten endlich die Beobachter auf dem Schloßthurme, daß auf der erwähnten Straße von Weißenfels her nun wirklich ein bedeutendes französisches Kriegsheer im Anzuge sey, daß sich dasselbe gleich einer ungeheuren Wolke heraufwälze. … Der Magistrat, der sich gewiß mit nicht geringer Entschlossenheit in diese Lage Leipzigs fügte, ließ ihnen* [den Soldaten der inzwischen eingetroffenen Vorhut] *Speise und Getränke reichen, so viel sie verlangten, und bereitete sich auf den Empfang eines größeren französischen Kriegsheeres vor …*
>
> *Diejenigen Truppen, welche in der Stadt bleiben, wurden größtentheils in die Thomaskirche verlegt. Doch bleiben verschiedne auch auf dem öffentlichen Markte, woselbst man für sie in der Eil einige Messbuden, welche zwar bereits niedergerissen, wieder aufbaute, desgleichen auch auf dem Vorsaale des Rathauses u. s. w.*

Ueberall, selbst auf dem Marktplatze und auf dem Thomaskirchhofe unterhielt diese Mannschaft die Nacht hindurch mehrere Wachfeuer. Soviel als möglich sorgte man dabei von Seiten des Magistrats dafür, daß zu ihrer Verpflegung nichts mangelte. … Freilich ist es jedoch natürlich zu erachten, daß es bei einer Anzahl von mehreren 1 000 Soldaten, die vor wenigen Tagen unter den drückendsten Strapazen und fürchterlichsten Gefahren über einen so bedeutenden Feind den Sieg erfochten hatten, wenn sie sich jetzt die kurzen Augenblicke der Ruhe und die Unannehmlichkeiten eines so unbequemen Nachtquartiers auf alle Art zu versüßen und zu erleichtern suchten, nicht so ganz mit Ordnung zugehen konnte. Woher es denn auch kam, daß in dieser Nacht wirklich sowohl vor dem äußersten Rannstädter- als auch vor dem Gerberthore durch daselbst liegende Mannschaft einiger Schaden verursacht wurde.«[5]

Eilends bemühen sich die Besatzungstruppen, ihre Sicht auf die jüngsten Ereignisse zu verbreiten. Offensichtlich nötigen sie die Redaktion der *Leipziger Zeitung*, die zuvor verbreiteten Berichte über das Geschehen bei Jena und Auerstedt zu »korrigieren«. Die Herausgeber sind so gezwungen, sich in ihrem eigenen Blatt der Legendenverbreitung zu bezichtigen. Da heißt es am 19. Oktober:

»Die Franzosen haben bei ihrer Ankunft in Leipzig über alle Märchen und Schlachten, welche die Zeitungsschreiber dieses Landes und besonders der Redacteur der Leipziger Zeitung sie haben verlieren lassen, sich sehr belustigt. Sie hoffen, wohl niemals anders als auf dem Schlachtfelde alle ihre Feinde zu besiegen. Hier ist die wahre Lage der Sachsen, deren Wahrheit der Verfasser dieses Artikels auf seine Ehre verbürgt; er ist ein Franzose und ein dergleichen Eid ist unverletzlich.«

Damit hat sich für die nächste Zeit die Hoffnung, aus der Zeitung die sächsische Sicht der Dinge zu erfahren, erledigt. Zumindest weiß der Leser jetzt, dass er mit von französischer Hand verlesenen Nachrichten versorgt wird.

Der öffentlichen Meinung gilt aber nicht das Hauptaugenmerk der Offiziere Napoleons. Das Heer seiner Militärbeamten hat vor allem die Wirtschaft im Blick. Dass Napoleon das wirtschaftlich und militärisch recht starke Land in der Mitte der deutschen Staaten gern an seiner Seite wüsste, scheint Sachsen zunächst nur zum Vorteil zu gereichen. Um seine Gegner zu trennen, verfällt Napoleon auf einen geschickten Schachzug. Er erweckt den Eindruck, als glaube er tatsächlich, Sachsen sei von den Preußen zum Krieg gezwungen worden. Noch am 10. Oktober behauptet Napoleon in seiner Proklamation an die Sachsen, im Begriff, Deutschland zu verlassen, sei er umgekehrt, das von Preußen überfallene Sachsen zu befreien. Nach den Siegen bei Jena und Auerstedt behält er diese Lesart bei. Trotzdem nimmt er am 23. Oktober die besetzten Gebiete in französische Verwaltung und beginnt mit der wirtschaftlichen Plünderung. Das besetzte sächsische Territorium wird in vier Arrondissements nach französischem Vorbild eingeteilt. Der Leipziger Kreis bildet das 2. Arrondissement. Ziel der französischen Verwaltung ist es, bis zum Abschluss eines Friedensvertrages – der bis zum Dezember hingeschleppt wird – Steuern und Einnahmen aus dem kurfürstlichen Besitz in die kaiserlichen Kassen umzuleiten. Leipzig wird zum Sitz des General-Administrators des besetzten Sachsen und obersten Finanzbeamten für die Plünderung. Waffenvorräte und mehr als 1 000 Pferde werden in Leipzig als Sofortmaßnahme beschlagnahmt.

Die Stadt, die seit dem 18. Oktober nicht nur ein französisches Infanterieregiment als Garnison, sondern auch einen französischen Stadtkommandanten hat, wird aufgefordert, Unmengen von Tuch, Ausrüstung für die Lazarette und 150 000 Paar Schuhe zu liefern. Die 300 Leipziger Schuhmacher haben täglich 800 Paar Schuhe zu liefern. Leipzigs Schneider verfertigen derweil auf städtische Kosten aus dem beschlagnahmten Tuch Tausende von Soldatenmänteln. Bald ist die Stadt zahlungsunfähig und näht auf Pump bei den Kaufleuten weiter. Schließlich rüstet man gar noch die mehr als 5 000 Mann starke, aus preußischen Kriegsgefangenen neu gebildete polnische Nordlegion aus. Die finanzielle Lage der Stadt wird so prekär, dass öffentliche Arbeiten zunächst eingestellt werden müssen. Unter anderem betrifft das die vorgesehenen Arbeiten an der Barfußbrücke und die weitere Auffüllung des Stadtgrabens ebenso wie die Weiterführung des Baus an der neuen Bürgerschule auf den Grundmauern der ehemaligen Moritzbastei. Wegen der finanziell angespannten Lage kommen auch private Bauvorhaben zum Erliegen, den sonst hier Beschäftigten fehlt der Broterwerb.

Da die Konzerte im Gewandhaus genauso eingestellt sind wie sonstige musikalische Aufführungen, die übliche Schauspielergesellschaft ausgeladen ist und auch in den Lokalen und Kaffeehäusern auf öffentliche Vergnügungen verzichtet wird, geraten Gastwirte, Impresarios und alle im Unterhaltungsgeschäft Tätigen in eine wirtschaftliche Zwangslage.[6] Dass die französische Besatzungsmacht zugleich ihren Offizieren ein Lokal für das im Kurfürstentum verbotene Hasardspiel einrichtet, verbessert nicht unbedingt die Stimmung unter den Leipzigern. Gleichzeitig fahnden die Franzosen nach Waren des Intimfeindes England. Diensteifrig versucht der Rat, die gigantischen Forderungen zu erfüllen. Die Ankündigung, die englischen Waren beschlagnahmen zu wollen, hat die Kaufmannschaft ins Mark getroffen. Leipzigs Ruf als Welthandelsstadt steht auf dem Spiel! Jetzt kümmert man sich mit besonderer Sorgfalt um die wichtigsten Beamten. Dem einen verehrt man zwei vollständige Sättel und zwölf Hemden, dem anderen ein Tafelservice aus Meißner Porzellan und das silberne Besteck gleich dazu. Das nehmen die Herren gern und zeigen sich, was das Erschließen neuer Geldquellen betrifft, nicht wenig erfinderisch. So fordert ein französischer Beamter vom Rat die Lieferung von 15 000 Broten. Zugleich bietet er an, aus eigenen Beständen das Verlangte an sich selbst zu liefern, wenn man ihm dafür 75 Goldstücke zahlt. Am Ende wird das Luftgeschäft für 72 Goldstücke abgeschlossen. Saftige Kontributionen, die Beschlagnahme des kurfürstlichen Besitzes – Kriegsmagazine, Forste, Holzhöfe, Salz- und Alaunwerke oder die Leipziger Niederlage der Meißner Porzellanmanufaktur – treffen Leipzigs Lebensnerv nicht so hart wie die Beschlagnahme der englischen Waren.

Da man um das Wohlergehen der Stadt fürchtet, entsendet man eine Abordnung aus Ratsmitgliedern und Kaufleuten mit einer Bittschrift an Napoleon in Berlin. Vage Versprechungen, die sich am Ende als wertlos erweisen, sind das Einzige, was man mitbringt. Die Waren englischen Ursprungs werden akribisch erfasst. Von allen in Sachsen nach den Bestimmungen der mittlerweile geltenden Kontinentalsperre verbotenen Erzeugnissen befinden sich 93 Prozent in Leipzig! Am Ende müssen die Waren, die zum großen Teil bereits im Besitz Leipziger Kaufleute gewesen waren, von den Franzosen für die stattliche Summe von 7 Millionen Francs zurückgekauft werden, auf Pump und mit vagen Zusicherungen des Kurfürsten, sich an den Kosten zu beteiligen. Schließlich werden die vermögenden Leipziger über eine Zwangsanleihe am Rückkauf beteiligt. Im Juli 1807 muss das bis über beide Ohren verschuldete Leipzig dann eine Anleihe von 2,75 Millionen Talern aufnehmen, wenige Monate später werden die Steuern ein erstes Mal erhöht, kurz darauf folgt eine weitere Anhebung.

Endlich setzt der Friedensvertrag von Posen am 11. Dezember 1806 der Orgie von Beschlagnahmen, Kontributionen und immer neuen Forderungen ein Ende. Sachsen tritt dem Rheinbund bei und Friedrich August nimmt anstelle der mittlerweile inhaltsleeren Kurfürstenwürde die eines Königs an. Als neuem Rheinbundstaat geht Sachsen nun die Neutralität natürlich endgültig perdu.

Dass der Leipziger Rat am 11. Dezember 1806 eine Verordnung erlässt, die ausdrücklich die Hilfe zur Flucht für vom französischen Militär gefangene Soldaten mit dem Tode bedroht, zeigt, dass es Leipziger gibt, die Gefangene zu befreien versuchen, dass also nicht alle Leipziger von dem neuen Bündnispartner begeistert sind. So unterstützen einige gefangen genommene Preußen – in Leipzig befinden sich unter anderem zeitweise die Gefangenen des Blücher'schen Korps – mit Geld oder Kleidungsstücken. Beides wird in der Verordnung ausdrücklich als Mittel zur Flucht bezeichnet und mit dem Tode bedroht.

Doch der Glanz hat mich verleitet …

1807. Napoleon und Leipzig

Herold bei der Ausrufung der Annahme der Königswürde durch Friedrich August von Sachsen am 20. Dezember 1806, kolorierte Radierung, um 1807

Nach allem Ärger soll nun auch Leipzig etwas vom schillernden Nimbus des wichtigsten Mannes Europas abhaben. Durch den Posener Friedensvertrag hat Friedrich August die Königswürde angenommen. Manch späterer Chronist unterstellt, Napoleon habe die Loyalität des bisherigen Kurfürsten mit der Königskrone erkauft. Abgesehen davon, dass ein Monarch wie Friedrich August am jahrhundertealten, ehrwürdigen Titel eines der Mächtigen des

Reiches gehangen haben dürfte, wird häufig vergessen, dass eben das Reich, das Heilige Römische, seit August 1806 faktisch nicht mehr existiert. Damit gibt es auch für einen Kurfürsten nichts mehr zu küren. Der Titel ist inhaltsleer geworden. Der Schritt, Sachsen fortan als Königreich zu regieren, erscheint eher folgerichtig. Am 18. Dezember erfahren die Leipziger davon. Für sie ist der Friedensschluss an sich wichtiger, erhoffen sie sich doch ein Ende der stetigen französischen Forderungen. Zur Feier des denkwürdigen Ereignisses werden für den Neujahrstag offizielle Festlichkeiten angesetzt.

Die Leipziger Universität prescht schon einmal vor und nimmt den Geburtstag des frischgebackenen Königs am 23. Dezember zum Anlass für eine Vorfeier im festlich erleuchteten Paulinum. Nach Festkonzert und eingehender Betrachtung angebrachter Sinnsprüche und Festdekorationen – *»In einem anderen Zimmer stand zwischen 2 Candelabern auf einem antiken Fußgestelle die Büste Napoleons … der unserm geliebten Könige diesen Tag zu einem frohen Tage geschaffen hatte«*[7] – verfolgt man den studentischen Fackelzug, der mit dem obligatorischen »Gaudeamus igitur«, *»mit Anstand und Ruhe«* gesungen, den Abschluss bildet. Die offizielle Feier folgt dann zu Neujahr. Die Begeisterung der Leipziger scheint sich in Grenzen zu halten. *»Zwar war es nicht der Fall, daß lautes Jubelgeschrei die Straßen durchhallte. Zwar ertönte kein Vive le Roi! (Es lebe der König!) durch die Lüfte. Allein um desto mehr empfand man mit dem Herzen.«* Festgottesdienst, Glockenläuten und Haydns »Te Deum laudamus« in der Paulinerkirche gehören zum wohlbekannten Instrumentarium. Bei Einbruch der Dämmerung wird die ganze Stadt illuminiert.

Neben den öffentlichen Gebäuden sind auch zahlreiche Privathäuser mit bunten Laternen, hinterleuchteten Spruchbändern, Girlanden und sonstigen Dekorationsartikeln geschmückt.

> *»Auf dem Marktplatz selbst sah man im Quadrat 4 hohe Obelisken, die gleichfalls zahlreich mit Lampen besetzt waren. Vor der Wohnung des Commandanten, General Réné, welche sich gerade dem Rathhause gegenüber befand, hatte man, dem Kaiser Napoleon zu Ehren, ein transparentes Gemählde aufgestellt, in welchem sich fast am Horizonte zerstreute Wolken und durch dieselben im schönsten Strahlenglanze und in ihrer lichtesten Klarheit die aufsteigende Sonne zeigte. In der Mitte schwebte oberwärts die Kaiserkrone, und unter ihr ein großes N, welches den Namen des allgemein bewunderten Helden Napoleon anzeigte.«*[8]

Man stelle sich diesen Augenschmaus noch hinterleuchtet vor! Ölzweige, Palmen, die neue Chiffre des Monarchen, F. A. R., und Sinnsprüche wie »Größer als durch Macht ist der Fürst, der die Gesetze ehrt« oder »Freiheit ist nie angenehmer und erfreulicher als unter einem – tugendhaften Könige«

W. Irmisch, Triumphbogen vor dem Leipziger Rathaus anlässlich der Feier der Annahme der Königswürde am 1. Januar 1807, Kupferstich, Leipzig, 1807

werden von Hunderten Laternen, Windlichtern und Lampions in Szene gesetzt. Der Spruch am Saal der universitären Anatomie *»Auch die Todten rufen: Lebe!«* entbehrt nicht einer gewissen Komik. Ein einziger Hausbesitzer bringt auf den Punkt, was wohl vielen seiner Landsleute durch den Kopf gegangen sein mag. Sein Transparent verkündet: *»Ein Patriot fürs Vaterland ist besser als viel Licht verbrannt.«*

Kurioser noch ist der missglückte Leipziger Empfang Napoleons im selben Jahr. Im Sommer 1807 verbreitet sich die Nachricht, dass der vom erfolgreichen Friedensschluss mit Preußen und Russland aus Tilsit nach Frankreich zurückkehrende Kaiser der Franzosen Leipzig mit seinem Besuch beehren würde. Ein sich selbst so bezeichnender »stiller Beobachter« berichtet dazu: *»Mit der heiligsten Ehrfurcht für einen so großen Mann – mit der innigsten Freude über den wiederhergestellten Frieden mit Sachsens Nachbar und Freunde, machte man sogleich nicht unbedeutende Anstalten, den erhabenen Kaiser bei seiner Ankunft zu empfangen.«*[9] Die Kaufmannschaft erhält eine neue Uniform, die Alleen Laubgirlanden und kunstvoll gezimmerte Ehrenpforten und der Weg, auf dem der Kaiser erwartet wird, zahllose Lampions.

Der mit so viel Aufwand vorbereitete Besuch schlägt gründlich fehl. Die Kutsche des Kaisers fährt im Morgengrauen in die Stadt, macht nur zum Pferdwechsel kurz Station, um dann die Stadt im Eiltempo wieder zu verlassen. Der heiß ersehnte Ehrengast, das Gesicht anstelle der erst viel später erfundenen Schlafmaske mit einem Taschentuch bedeckt, betritt nicht einmal Leipziger Boden.

Dass die Leipziger Universität im Freudentaumel so weit geht, Napoleon zu Ehren einigen Sternen im Sternbild Orion als eigenem Sternbild den Namen des Kaisers der Franzosen zu verleihen, mag unter all den servilen Merkwürdigkeiten nur als die merkwürdigste hervorstechen.

Die Neugier auf den Mann, der, Abkömmling eines unbedeutenden Landadligen, sich selbst zum Kaiser krönte und den Sohn eines Gastwirtes zum König machte, der die nobelsten Adelsdynastien Europas wie Zirkusbären an der Nase in die gewünschte Richtung dirigiert und mit dem von der Französischen Revolution eröffneten neuen Zeitalter die »Alles-ist-möglich«-Devise in seiner Person verkörpert, die Neugier auf diesen Mann ist nicht nur in Leipzig riesengroß. Sicher mischt sie sich auch mit ehrfurchtsvoller Bewunderung, sogar bei den Distanzierten. Selbst jener Mann, Friedrich Förster, in dessen Armen der später zum Freiheitskämpfer aller Deutschen schlechthin hochstilisierte Theodor Körner einst sterben soll,

Ehrenpforte für Napoleon anlässlich dessen Durchreise durch Leipzig am 23. Juli 1807, kolorierte Radierung, um 1807

Illumination des Leipziger Marktes am 25. September 1808, Aquarell, um 1808

setzt alle Hebel in Bewegung, um einen Blick auf den sagenhaften Kaiser zu werfen. Als Napoleon im Frühjahr 1812 in Dresden mit seinem Schwiegervater, dem österreichischen Kaiser, zusammentrifft und am Abend des 18. Mai eine vom Aufseher des Grünen Gewölbes erdichtete Kantate aufgeführt werden soll, will Förster unbedingt dabei sein. Da Karten weder für Geld noch gute Worte zu haben sind, verschafft sich der junge Mann einen vollständigen Kammerherrenanzug samt Degen und Zylinder und harrt am Eingang des Theaters der Hofkutschen. Als einer solchen schließlich eine unbegleitete Hofdame entsteigt, bietet er ihr galant den Arm und geleitet sie in die Hofloge, von wo er die denkwürdige Aufführung verfolgt und den ersehnten Blick auf die anwesenden Potentaten erhascht:

»Der gute Kaiser Franz erinnerte in seinen rothen Höschen sehr an die Rokkokofiguren von Meißner Porzellan, wie er denn auch unterweilen während der Vorstellung zu nicken pflegte. Der König Friedrich August war just auch keine Heldengestalt und ein unangenehmes Zucken in den Gesichtsmuskeln gab seinem Ausdruck eine beängstigende Unruhe, die sich steigerte, als der Kaiser auch hier wieder sehr lange auf sich warten ließ. Endlich nach halb zehn Uhr trat er ein in die große Mittelloge … Er trug, wie immer, die einfache Infanterie-Jägeruniform, grün mit weißen Rabatten, im Knopfloch das Band der Ehrenlegion und heut über Schulter und Brust das breite Band des Stephanordens. Er wußte sehr wohl, daß er in seiner einfachen Uniform sich vor allen

anderen auszeichnete … Alles erhob sich und rief unter Pauken- und Trompetenschall das so oft gerufene Vive l'Empereur! … Die Cantate begann … Es folgten noch einige Szenen aus der Oper »Sargines« von Pär, deren Ende jedoch der Kaiser nicht abwartete, da er nicht länger als eine Stunde im Theater verweilte. Das Publikum rief ihm als er ging wiederum Lebehoch! und alle waren bezaubert von der Liebenswürdigkeit des gefürchteten Tyrannen.«[10]

Alles in allem sind die Leipziger nicht franzosenfreundlicher als der Rest der Sachsen. Man hat zwar Anteil am Abglanz des großen Verbündeten aus dem Westen und ist darauf auch gehörig stolz, die Lasten dafür drücken freilich schwer. Gerade auch die Leipziger Kaufleute werden von der Dresdner Regierung über Sondersteuern für die entstandenen Kriegslasten kräftig zur Kasse gebeten. Dem einen oder anderen steigt der Rummel um den neuen Stern am Firmament doch ganz kräftig in die Nase. Manch einer macht seinem Unmut mit drastischen Versen Luft, die dann von Hand zu Hand gehen:

»Als letzt in unsrer Stadt auch wir genöthigt waren
Der Herzens Grim mit Freundlichkeit zu paren
Und dem zu Ehren Lichter anzuzünden
Der niemals hätte sollen den Weg nach Deutschland
finden, da war ein Advokat Belzebubs Gelichter
Ein Gotteslästerer, ein Schuft ein Hurenrichter
Der schrieb an seine Thür ein Transparent
Wofür im Satan einst die Glieder einzeln brent
Gott sande seinen zweyten Sohn
Und nannte ihn Napoleon!
Man las den frechen Unsinn von dem Bärenheuder
Man spukte aus, vomirte[11] *und so weiter*
Ein Jud, ein Sansculott Erzbarbier
Jetzt großer Schabbes und Profeßor hier.
Ein Redakteur zugleich ein Zeitungsschreiber
Erhaben, preisen und vergöttern schon
Den neugebacknen Gottessohn
Sie fordern seine Exkremente
Für sich als neue Sakramente
Denn jeder faule Furz der ihm entfährt
Ist jetzt für sie von unschätzbarem Werth
Sie hoffen alle mit Entzücken
Er werde höchlich sie beglücken
Jedoch ihr Jünger glaubt mir daß
Mesias scheist euch sammt u. sonders was.«[12]

Partnerschaft mit Schönheitsfehlern

1807 bis 1811. Der Preis der Freundschaft

Die größten Ungelegenheiten macht in jenen ersten Monaten der neuen Partnerschaft nicht nur das französische Militär. Der Fürst Carl zu Isenburg und Büdingen nimmt in seiner Sorge, das Schicksal so vieler kleiner Fürstenkollegen in Deutschland teilen und sein Fürstentum im Reich eines größeren Nachbarn aufgehen zu sehen, zu einem findigen Ausweg Zuflucht. Er macht Napoleon ein Regiment zum Geschenk. Unter den zahlreichen preußischen Kriegsgefangenen des Kaisers wirbt er um Freiwillige, die die Fahne Preußens verlassen und künftig unter seinem Kommando unter dem französischen Adler kämpfen wollen. Der Zuspruch hält sich in Grenzen, sodass man die Werbung auf Zivilisten, Preußen und Sachsen gleichermaßen, ausdehnt. Erwartungsgemäß meldet sich allerlei Gelichter, auch solches, das beim Militär Schutz vor zivilen Gerichten, Gläubigern und zänkischen Ehefrauen sucht. Offiziell heißt die neue Einheit »Erstes preußisches Infanterieregiment in französischen Diensten«, inoffiziell wird es nach seinem Herrn das Isenburger Regiment genannt. Sammelplatz der Truppe ist Leipzig.

Zunächst werden die Rekruten in der Neukirche und im Reitstall untergebracht; im Januar 1807 verfügen die französischen Behörden, sie bei den Leipziger Bürgern einzuquartieren. Das Beherbergen derartigen Lumpenpacks sorgt natürlich für allerhand Unmut und Verdruss und zahlreiche Beschwerden bei den Behörden. Die unfreiwilligen Quartiereltern haben immerhin 72 Oberoffiziere, 274 Unteroffiziere, 2000 Soldaten und jede Menge Frauen und Kinder zu versorgen, da eine erkleckliche Anzahl der frischgebackenen Soldaten sich gleich mit Weib und Kind zum Dienst meldet. Allein im ersten Quartal des Jahres 1807 zahlt der Rat der Stadt fast 10000 Taler an Unterstützungsgeldern für die Verpflegung der unwillkommenen Kostgänger. Mehrfach angeschlagene Hinweise des Rates, dass der Kauf der von verschiedenen Angehörigen des Regimentes angebotenen militärischen Effekten streng verboten sei, machen deutlich, wie es um die Soldaten des Fürsten Isenburg bestellt war. Offensichtlich sehen zahlreiche Neugeworbene im Verkauf der zur Verfügung gestellten Uniform und Ausrüstung eine willkommene Verdienstmöglichkeit. Allmählich häufen sich auch Steckbriefe, die zur Verfolgung von Deserteuren jener Truppe auffordern. Der Ruf des Regimentes ist bald derartig ruiniert, dass der fürstliche Regimentsinhaber per öffentlichen Anschlag darauf hinweist, dass der Name

Christian Gottfried Heinrich Geißler, Ein französischer Zollbeamter sucht Schmuggelware, kolorierte Radierung, um 1807

des Regimentes mitnichten »Isenburgisches«, sondern »Erstes Preußisches in französischen Diensten« sei. Dem Namenspatron war die Verbindung mittlerweile offensichtlich sehr unangenehm. Als dann noch ein Isenburger seine betagte Quartiergeberin, eine Fleischerswitwe, ermordet, ist das Maß voll. Doch erst im April wird der Abmarsch des neuen Fremdenregimentes erreicht. Gekostet hat dieser ein mehr als großzügig bemessenes Geldgeschenk an den französischen Stadtkommandanten.

Die Leipziger atmen auf. Inzwischen haben sie verstanden, dass sie in der Partnerschaft mit Frankreich nur allzu oft die Rolle des Prügelknaben innehaben. Nicht ganz zu Unrecht macht man die Franzosen zunehmend für die nicht rosige wirtschaftliche Lage und die vielfältigen zusätzlichen, besonders finanziellen Belastungen verantwortlich. Ein Leipziger Arzt berichtet von einem französischen Oberst, der im Winter 1808 mit seinem Schlitten durch Leipzig fährt und einen auf der Straße beschäftigten Auflader, der ihm offenbar im Wege steht, mit der Peitsche schlägt. Der Arbeiter und seine Kollegen prügeln daraufhin den Offizier ordentlich durch, was, wohl um die angespannte Lage zwischen Bevölkerung und Franzosen nicht noch mehr zu strapazieren, erstaunlich folgenlos bleibt.[13]

Christian Gottfried Heinrich Geißler, Zur Erinnerung an Die Schwarzen in Leipzig, kolorierte Radierung, 1809

Neben ein wenig Teilhabe an der Weltbeherrscher-Attitüde und episodenhaften Ärgernissen bedeutet Partnerschaft unter dem Protektorat Napoleons vor allem abgestimmte Außenpolitik, Teilnahme am Wirtschaftskrieg gegen England und insbesondere tatkräftige Unterstützung der unzähligen Kriege des Kaisers der Franzosen auf dem Kontinent. Das betrifft zunächst vor allem den Krieg mit Österreich 1809. Auch sächsische Soldaten ziehen nun gegen ihren ehemaligen Kaiser. Leipzig wird, von eigenen Truppen weitgehend entblößt, dem Schutz des Königs von Westphalen, Jérôme Napoleon, anvertraut. Der Bruder Napoleons regiert den 1807 aus Teilen mehrerer deutscher Fürstentümer geschaffenen neuen Nachbarstaat Sachsens. Als Verbündeter Österreichs rückt der Herzog Friedrich Wilhelm von Braunschweig-Wolfenbüttel-Oels mit einer Privatarmee, der sogenannten Schwarzen Schar, im Frühjahr 1809 nach Sachsen vor. Am 22. Juni marschiert er im Verband mit österreichischen Truppen in Leipzig ein und erzwingt bedeutende Kontributionen an Waffen und Pferden. Bereits am folgenden Tage zieht er sich vor dem herannahenden König von Westphalen zurück, kehrt aber am 26. Juli nochmals nach Leipzig zurück, was die Stadt diesmal 17 000 Taler Kontribution sowie 5 800 Portionen Fleisch und Brot für die Truppe kostet.

Nicht nur die Stadtkasse wird zur Ader gelassen, auch manch Leipziger Bürger bekommt den Krieg hautnah zu spüren. Ein Stötteritzer Schnapsfabrikant, der ein Dutzend einreitender Braunschweiger wissentlich falsch über die Stärke der gegnerischen sächsischen Truppen informiert, wird in

Christian Gottfried Heinrich Geißler, Die französischen Soldaten untersuchen im Tor, ob keine englischen Waren herausgebracht werden, kolorierte Radierung, 1807

das Lager der Braunschweiger vor dem Hallischen Tor geschleppt, an einen Baum gebunden und mit stündlich 20 Hieben traktiert.[14]

Dass die Leipziger durchaus den Spieß umzudrehen wissen und den Braunschweigern Paroli bieten, zeigt eine andere Episode jener Tage, die zugleich die ironische Distanz manches Leipzigers zu den mitunter prahlerisch und affektiert auftretenden französischen Verbündeten deutlich werden lässt. Einige Mitglieder der reitenden Leipziger Bürgergarde waren Hinweisen auf sich noch im Leipziger Umfeld aufhaltende Braunschweiger Soldaten nachgegangen. Am 19. Juli ergeben sich zwei (!) versprengte Husaren den zahlenmäßig deutlich überlegenen Leipzigern und werden von ihnen im Triumph in die Pleißenburg eskortiert. Den Stil der großsprecherischen Aufrufe Napoleons an seine Soldaten exakt kopierend, tauchen alsbald anonyme Flugzettel in Leipzig auf:

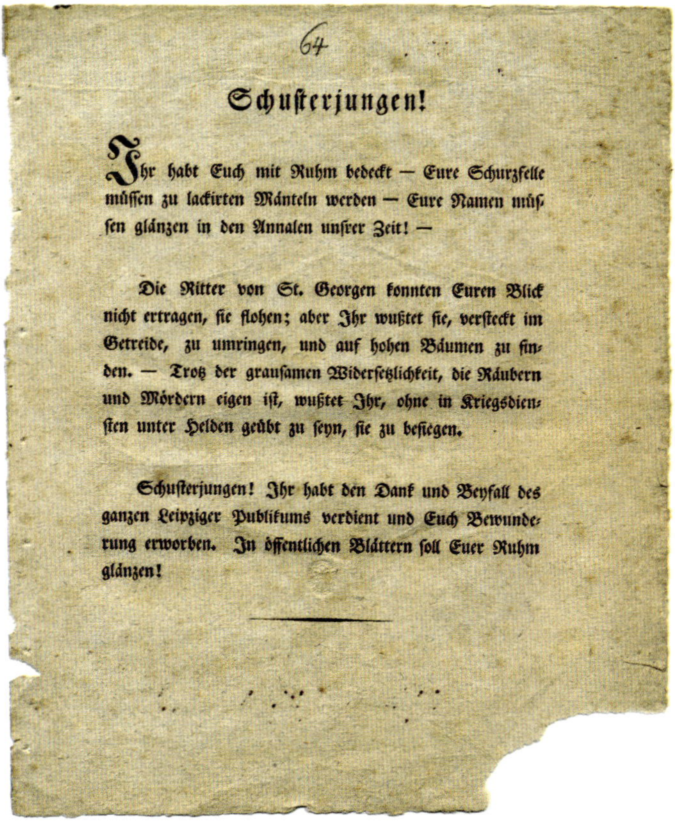

64

Schusterjungen!

Ihr habt Euch mit Ruhm bedeckt — Eure Schurzfelle müssen zu lackirten Mänteln werden — Eure Namen müssen glänzen in den Annalen unsrer Zeit! —

Die Ritter von St. Georgen konnten Euren Blick nicht ertragen, sie flohen; aber Ihr wußtet sie, versteckt im Getreide, zu umringen, und auf hohen Bäumen zu finden. — Trotz der grausamen Widersetzlichkeit, die Räubern und Mördern eigen ist, wußtet Ihr, ohne in Kriegsdiensten unter Helden geübt zu seyn, sie zu besiegen.

Schusterjungen! Ihr habt den Dank und Beyfall des ganzen Leipziger Publikums verdient und Euch Bewunderung erworben. In öffentlichen Blättern soll Euer Ruhm glänzen!

Maueranschlag mit einer Parodie auf die Auseinandersetzung mit den Truppen des Herzogs von Braunschweig in Leipzig 1809

Schusterjungen!

Ihr habt Euch mit Ruhm bedeckt – Eure Schurzfelle müssen zu lackierten Mänteln werden – Eure Namen müssen glänzen in den Annalen unsrer Zeit! –

Die Ritter von St. Georgen konnten Euren Blick nicht ertragen, sie flohen; aber Ihr wußtet sie, versteckt im Getreide, zu umringen, und auf hohen Bäumen zu finden. – Trotz der grausamen Widersetzlichkeit, die Räubern und Mördern eigen ist, wußtet Ihr, ohne in Kriegsdiensten unter Helden geübt zu seyn, sie zu besiegen.

Schusterjungen! Ihr habt den Dank und Beyfall des ganzen Leipziger Publikums verdient und Euch Bewunderung erworben. In öffentlichen Blättern soll Euer Ruhm glänzen!

Insgesamt ist die Stimmung wohl geteilt. Nicht alle Leipziger sind mit dem Bruderkrieg gegen Österreich einverstanden. Als der sächsische König am 26. April 1809 für die französischen Siege über die Österreicher bei Regensburg und Eckmühl eine festliche Illumination inszenieren lässt, wird dem Souverän, der sich gerade in Leipzig aufhält, eine Fensterscheibe seiner Wohnung eingeworfen.[15] Ein unglückliches Missgeschick ist hier kaum denkbar. Der Glasbruch darf getrost als handfeste Missfallensbekundung gewertet werden.

Ungeachtet derartiger Intermezzi lebt es sich als Juniorpartner der Herren fast ganz Kontinentaleuropas zunächst recht komfortabel. Ist man gezwungen, die Bestimmungen der gegen England gerichteten Kontinentalsperre einzuhalten, kein Handel mit Waren der britischen Insel und deren Kolonien, so verabreicht der Mangel an billiger Baumwolle der sächsischen Textilindustrie einen gewissen Wachstumsschub. Für eine Handelsstadt wie Leipzig – ehedem gingen drei Viertel aller betreffenden in den deutschen Staaten gehandelten Waren über den Markt der Pleißestadt – schafft das zunächst auch ernste Probleme. Bald jedoch blüht der Schmuggel und irgendwie arrangiert man sich auch mit den Gegebenheiten. Was für den Handel an Absatzgebieten verloren gegangen war, gleichen nun teilweise die Märkte aus, die England nicht mehr bedienen kann. Die Angelegenheit der englischen Waren bleibt für eine Handelsstadt wie Leipzig allerdings nach wie vor ein Thema. Zum einen fehlen der Industrie des Kontinents englische Halbfabrikate und Rohstoffe, zum anderen wollen weder Franzosen noch die Bürger des Rheinbundes auf jene Luxusprodukte verzichten, mit denen hauptsächlich der Inselstaat handelt. Zeitweise schreiben Gesetze vor, dass die Kaufleute amtliche Ursprungszertifikate für bestimmte ihrer Waren vorlegen müssen. Doch auch hier ist Geld zu verdienen. Friedrich Hofmeister berichtet:

> *»Es gehörte nur Muth dazu, sich bei Speculationen zu betheiligen, die der französischen Continentalsperre ein Schnippchen schlugen. So hat z. B. Mancher durch geschickte Anfertigung von französischen Certificaten viel Geld verdient. Die Mäkler verschafften den Colonialwarenhändlern dergleichen Licenzen (Ausnahmen von dem strengen Gesetze des Kaisers). Mittels der Certificate brachten endlose Züge russischer Kibitken große Vorräthe von Kaffee, Zucker u. s. w., angeblich Prisen, die in der Ostsee aufgebracht worden, in Wahrheit aber aus den englischen Depots auf Helgoland.«*[16]

Auch die französische Annexion Hollands und der wichtigsten deutschen Gebiete an der Nordsee kann den Schmuggel nicht verhindern. Mehrfach suchen Zollbeamte daher in den Leipziger Kaufmannsgewölben nach Importwaren unklaren Ursprungs und werden natürlich auch fündig. Die umfangreichen Bestände beschlagnahmter Waren werden am 12. Dezember

Alexander Sauerweid, Ein sächs. Officier stellt sich den österreich. Posten entgegen, kolorierte Radierung, 1809

1810 auf der Vogelwiese zur Abschreckung – die voraussehbar nicht funktioniert, sondern einzig die Preise weiter nach oben treibt – erstmals verbrannt. Die öffentlich inszenierten Scheiterhaufen qualmen mehr als eine Woche lang und sorgen für einiges Aufsehen. Insgesamt dürften Waren im Wert von 100 000 Talern vernichtet worden sein, was in einer Stadt, die so sehr wie Leipzig auf dem Handel gegründet war, mit Unwillen registriert wurde. Ein Zeitgenosse beeilt sich, seinen Mitbürgern das in Verse gefasste Geschehen noch im selben Jahr unter den Christbaum zu legen.

»Man riß die Siegel von den Kisten
Und ließ die Waaren dann verwüsten.
Erst warf man Zitze und Muss'lin
Der hellen Glut des Feuers hin,
Darauf Paquete auf Paquete
Hoch durch die Luft gleich der Raquete,
Und lodernd schlug der heiße Zunder
Sich durch die leichte Luft empor,
Es floh der weiße, bunte Plunder
Hoch in die Luft wie schwarzer Flor.

…
Dies alles gieng in Blitzesschnell
Auch unter andern kam Flanell
Den man für die Gesundheit preißt
Bey Rheuma, wenn's in Gliedern reißt.
Ein Ach! ein Weh! scholl von der Seite
Gab man dem Feuer es zur Beute.
Bald folgen Schwals so schön und bunt,
Ach! rief da laut der Weiber Mund;
Manchester, Cambrick, Wallis fliegen
Und sieht sie bald in Asche liegen.«[17]

Der Autor der Verse, dessen Schrift die Behörden bereits am 20. Dezember 1810 konfiszieren, wird vor Gericht gestellt und zur Festungshaft auf dem Königstein verurteilt. Nach zwei Wochen verbüßter Haft erhält der Leipziger Gelegenheitsdichter eine Begnadigung.

1811 gehen am 31. Mai erneut englische Manufakturwaren im Wert von 30 000 Talern in Flammen auf. Inzwischen bekommen auch die Leipziger Kaufleute die Folgen des französischen Kampfes gegen den Schmuggel zu spüren. Mit jedem neuen Scheiterhaufen gehen die Geschäfte schlechter.

Das Verbrennen englischer Waren gibt für den Leipziger Studenten Ernst Christoph August von der Sahla sogar den Anstoß zu einem Mordanschlag auf Napoleon. Der 19-Jährige reist im Februar 1811 nach Paris, wo er von der kaiserlichen Polizei noch vor Ausführung seiner Absicht verhaftet wird und freimütig sein mörderisches Trachten eingesteht. Um Aufsehen zu vermeiden – dass junge Männer nach Paris reisen, um den Kaiser zu töten, ist keine gute Nachricht – lässt ihn Napoleon zunächst in Vincennes, später in Saumur inhaftieren, wo er nach der Besetzung Frankreichs durch die Verbündeten 1814 jedoch freikommt. Inzwischen muss der Tyrannenmord bei dem jungen Studenten wohl eine Art fixer Idee geworden sein. Nachdem er einen Alternativplan zur Ermordung des preußischen Königs auf dem Wiener Kongress wieder aufgibt, scheint seine Stunde mit der Rückkehr Napoleons von Elba gekommen. Von der Sahla schafft es am 6. Juni 1815 tatsächlich, in die Nähe des Kaisers vorzudringen. Als er diesen mit am Körper verstecktem Knallsilber in die Luft sprengen will, stolpert der Unglücksrabe und verletzt sich mit dem explodierenden Sprengstoff selbst schwer. Der Kaiser bleibt unversehrt. Obgleich von der Sahla im Gefängnis einigermaßen wiederhergestellt wird, nimmt er sich, nachdem er durch den zweiten Einmarsch der Verbündeten wiederum freikommt, das Leben.[18]

Mit Mann und Ross und Wagen hat sie der Herr geschlagen

1812. Russlandfeldzug

Dass die Partnerschaft mit Frankreich auch drastische Opfer fordert, wird 1812 besonders deutlich, als sich Sachsen mit seinen Truppen am Krieg Napoleons gegen Russland beteiligen muss. Im Übrigen ziehen alle Deutschen an der Seite Napoleons in den Osten. Die einen sind Mitglieder des Rheinbundes und so vertraglich zur Gefolgschaft verpflichtet, den anderen, Österreich und Preußen, bleibt mehr oder minder kaum anderes übrig, als sich über Allianzverträge ebenfalls an Napoleons Russlandabenteuer zu beteiligen. Den endgültigen Bruch mit Frankreich will man nicht riskieren, noch nicht. Die so aus zahlreichen europäischen Truppen zusammengesetzte Große Armee, das gewaltigste Heer, das die Welt seit den Tagen des klassischen Altertums gesehen hatte, benötigt natürlich einen entsprechenden Aufmarschraum in der Nähe des späteren Kriegsgegners. Darum sind es vor allem die preußischen, und hier besonders die ostpreußischen, Gebiete, die unter der Geißel unzähliger Heerhaufen und Einquartierungen zu leiden haben. Das Herzogtum Warschau hat zwar ein ähnliches Schicksal, sieht dem Kampf gegen die wichtigste Teilungsmacht seines Vaterlandes aber mit größerer Begeisterung und damit auch Leidensfähigkeit entgegen. Leipzig kommt relativ glimpflich weg. Nur im Verlaufe des März kommt man mit Soldaten auf ihrem Weg an die russische Grenze in größerem Umfange in Berührung. Es ist besonders das III. französische Armeekorps des Marschalls Michel Ney, das sich bei Leipzig sammeln soll. Die außerhalb der Stadtmauern biwakierenden und einquartierten Truppen werden Regiment für Regiment jeweils für einen Tag nach Leipzig verlegt, wo der Marschall die Truppen mustert und anderentags durch das nächste Regiment austauschen lässt, bis er alle unter seinem Befehl stehenden Einheiten persönlich inspiziert hat. Weil die Massen der Soldaten auf der Durchreise an die russische Grenze einfach nicht mehr in den Privathäusern einzuquartieren sind, wird am Ende gar die Peterskirche für diese Zecke geräumt.

Sachsen nimmt mit 25 500 Soldaten am Krieg gegen das Riesenreich des Zaren teil. Die sächsischen Truppen werden zum größten Teil unter dem Kommando des französischen Generals Graf Jean Louis Ebenezer von Reynier zusammengefasst, der das sächsische Kontingent bereits 1809 kommandiert hatte, und sammeln sich im Frühjahr 1812 im Herzogtum Warschau. Das Korps wird dem Oberbefehl des Königs von Westphalen, Jérôme, unterstellt.

Schlacht der Sächsischen Truppen bei Podobna in Russland, Lithografie mit Tonplatte, um 1830

Christian Gottfried Heinrich Geißler, Trümmer der französischen Armee bei ihrer Rückkehr ins Vaterland 1813, Radierung, 1814

Johann Gottfried Schadow, Le déjeuner à la fourchette (Gabelfrühstück), kolorierte Radierung und Aquatinta, 1815

Zwei Verwundete, Radierung, um 1815

Während verschiedene sächsische Truppen Sicherungsaufgaben wahrnehmen und einzelne Einheiten auch mit der Hauptarmee Napoleons den Marsch in die Weiten Russlands beginnen, steht das Gros der Sachsen auf dem rechten Flügel der Hauptarmee. Kaum jemand äußert, wenn er sie denn überhaupt hat, Zweifel, dass der siegverwöhnte Napoleon auch diesmal triumphieren wird und muss. Lobhudelnd oder ehrlich begeistert wird gedichtet:

»Es lebe weit und breit
Napoleon deine Macht
Der Russen Tapferkeit
wird schon von Gott verlacht
Gott sende Glück und Heil
Napoleon allein
Auf Rußlands Kaisertheil
soll nichts als Unglück seyn.
Es siege mehr und mehr

Napoleon voller Glanz
Der Russen Ruhm und Ehr
verdunkelt sich schon ganz
Es bleibt in voller Pracht
Napoleons kluger Krieg
Der Russen Krieges Macht
sey gänzlich ohne Sieg.«[19]

Der Anfang vom Ende beginnt am 24. Juni mit der Überschreitung der Memel. Napoleon hat sich eine förmliche Kriegserklärung gespart. Überraschend kommt sein Schritt für die Russen dennoch nicht. Rund 425 000 Mann, verstärkt durch etliche Zehntausend Mann des umfangreichen Fuhrparks, der Pioniereinheiten und diverser Hilfskontingente stehen ihnen gegenüber. Napoleons Versuch, eine der beiden russischen Armeen schon Anfang Juli zu vernichten, scheitert. Schuld ist Jérôme, dem es nicht gelingt, seine Soldaten zu der für Napoleon sprichwörtlichen Eile beim Marsch anzutreiben. Als Napoleon daraufhin seinen Bruder dem Kommando des Marschall Louis-Nicolas Davout unterstellt, legt er beleidigt sein Kommando nieder und verlässt Russland in Richtung seiner eigenen Hauptstadt Kassel. Das sächsische Korps wird nun in den Nordwesten der Ukraine verlegt und agiert in den folgenden Monaten auf einem regelrechten Nebenkriegsschauplatz. Im letzten Drittel des Septembers entschließt sich Fürst Karl Philipp zu Schwarzenberg, der inzwischen das Kommando über die Österreicher und Sachsen in diesem Abschnitt übernommen hat, angesichts einer deutlichen russischen Übermacht zum Rückzug aus Wolhynien und zur Deckung des Herzogtums Warschau. Der größte Teil des hier agierenden sächsischen Kontingents hat es, angesichts der unbeschreiblichen Zustände bei der Hauptarmee, noch recht gut getroffen. Zeitweise gelingt es den Truppen Schwarzenbergs, auch auf russisches Gebiet vorzudringen, wo seine Leute immer wieder in zum Teil sehr harte Gefechte verwickelt werden. Mit den Drangsalen bei der Hauptarmee ist die Situation aber kaum vergleichbar.

Die wenigen sächsischen Truppen bei der Hauptarmee haben zunächst ebenfalls geringen Anteil an den Kämpfen des Vormarsches, dessen unendliche Dimensionen sich als tückisch und alsbald für die damalige Logistik absolut nicht beherrschbares Problem darstellen. Bereits nach den ersten Monaten des Feldzuges hat Napoleon Abertausende seiner Soldaten an die unmenschlichen Strapazen der endlosen Märsche, an Krankheiten und Hunger verloren. Tausende Fuhrwerke bleiben mit ihren verendeten Zugtieren liegen. Bereits vor dem ersten Schlagabtausch mit den Russen ist Napoleons Heer eine geschlagene Armee. In der gewaltigen Schlacht von

Borodino, vor den Toren Moskaus am 7. September, ist es die sächsische Kürassierbrigade des Generals Johann Adolf von Thielmann, die beim erfolgreichen Sturm auf die sogenannte Große Rajewskischanze das Zentrum der gegnerischen Armee unter Michail Illarionowitsch Kutusow verwundbar macht und einen in der Militärgeschichte beispiellosen Akt der Tollkühnheit vollbringt. Die Hälfte der auf die Schanze einstürmenden rund 850 Sachsen bezahlt dieses Husarenstück mit dem Leben.

Die außerordentlich blutige Schlacht öffnet den französischen Truppen den Weg nach Moskau und Napoleon zieht siegreich ein. Auch die Sachsen erfahren im weit entfernten Wolhynien von dem Ereignis, von dem sich alle ein baldiges Ende des Feldzuges erhoffen. Ein Soldat aus dem sächsischen Infanterieregiment »Prinz Clemens« erinnert sich noch genau:

> *»Auf einmal wurde dem säsischen Truppen bekannt gemacht, das an General Reynier Nachricht angekommen aus dem großen Hauptquartier,* [dass] *der Einzug der französischen Armee in Moskau stattgefunden habe. Noch am selbigen Tag wurden in unseren Lager Anstalten getrofen zur Freutenbezeigung über den Sieg von Moskau. Es wurden von der Frontlinie des Lagers von kleinen Bäumigen Alleen hingesetzt. Aus dem kleinen Städtichen Kuszelin und der Umgegend wurden Zuseltlichter* [?] *herbeigeschaft, das auf iedes Bäumigen 3 auch 4 Lichter gesetzt werden konten. Darzu schöne Lagerfeuer angezinted. So wurde das ganze Lager eluminiert und die Baterien mit dem Regimentgeschütz, eine jede Kanone gab 3 sallfen. Und ein beteubendes dreimaliges ›Vive Lamereur!‹ wurde dem Kaiser und dem Siegern von Moskau gebracht. Es war auch dem rusischen Feldherrn von diesem Feste zu vor durch einen Parlamentär, ehe es began, Nachricht ertheilt worden.«*[20]

Zu seiner Überraschung muss Napoleon feststellen, dass mit dem Gewinn der alten russischen Hauptstadt der Krieg, anders als sonst in Europa üblich, nicht beendet ist. Der Zar Alexander I. schickt keines der erwarteten Friedensgesuche. Da die hölzerne Hauptstadt zwischenzeitlich von den Russen selbst eingeäschert wird und Napoleon so weder eine Antwort seines Kontrahenten noch ein Winterquartier für seine Armee besitzt, macht er sich auf den Weg zurück. Die russischen Truppen zwingen dabei seine schon arg dezimierten Kräfte auf den schon herwärts genommenen Weg durch ein bereits ausgeplündertes Gebiet. Die Strapazen des Marsches, fehlende Versorgung, ständige Angriffe der verfolgenden Russen und schließlich auch der spät, doch mit Macht einbrechende Winter führen zum Untergang. Übermenschliches leisten die völlig entkräfteten, ausgezehrten und halb verhungerten Soldaten Napoleons beim Übergang über den Fluss Beresina. Unter dem Feuer der russischen Geschütze errichten sie im eiskalten Wasser mehrere Behelfsbrücken für den Übergang, der dann am 26. November beginnt. Es sind Soldaten des sächsischen Regimentes Low, die drei Tage später am jenseitigen Ufer mit ihren Bajonetten die Bohlen der letzten Brücke von den Auflagern heben und die Brücke unbrauchbar machen und jetzt sind es auch zwei sächsische Regimenter, die zeitweise die Nachhut bilden. Sie zählen nur noch 100 Mann und nach einem letzten Gefecht am 4. Dezember bringen die letzten 16 Mann alle vier Fahnen mit.

Nach dem Flussübergang beschließt Napoleon, für den es in Russland nichts mehr zu gewinnen gibt, den erbärmlichen Trümmern seiner einst so stolzen Armee nach Paris vorauszueilen. Genüsslich sprechen seine Gegner von der Flucht des Feldherrn, der seine geschlagenen Truppen im Stich lässt. Am 14. Dezember kommt Napoleon zur Nachtzeit im winterlichen Dresden an. Er will mit dem französischen Gesandten Baron de Serra sprechen. Der als ortkundig eingesetzte sächsische Postillon verwechselt offensichtlich die Namen und weist des Kaisers Schlitten zu einem Doktor Segert, den man wachklopft. Der so unsanft Geweckte hat keine Ahnung, wer da seine Nachtruhe stört, und schimpft, angetan mit Nachthemd und Nachtmütze, man solle ihn, zum Teufel, gefälligst zufriedenlassen *»und verlangt nicht von mir dass ich bei 25 grad kälte, boten laufen soll«*. Die Ruhe ist auch dem Dresdner Michel heilig. Derweil lockt der lautstarke Tumult, den der Postillon noch durch eifriges Hornblasen verstärkt, den auf dem Heimweg befindlichen Friedrich Förster an. Noch am gleichen Tage berichtet der seinem Freund Theodor Körner von dem Erlebnis:

> *»Mir war die Wohnung des französischen Gesandten bekannt, und ich erbot mich, die Fremden zurecht zu weisen. Der Portier öffnete, obern war noch Licht; unterdessen hatten sich zwei eingewickelte Knecht-Ruprechte aus ihren Fußsäcken herausgewickelt. Der erstere war ein stattlicher Mann, allein er war an Händen und Füßen so steif gefroren, daß er sich vergebens bemühte, seinen noch ungeschickteren Kameraden beim Aussteigen zu unterstützen. Halb gefällig, halb neugierig trat ich heran, und so gleich legte der kalte Schneemann mir seinen Fausthandschuh auf die Schulter, als ob ein Eisbär mit seiner Tatze mich anrührte. Der Handschuh fiel herab, ich unterstützte ihn mit meiner Hand und führte ihn zur Thür; … die volle Beleuchtung fiel wie ein Blitz auf das Gesicht des Gastes, dessen Hand mich immer noch festhielt, nur die Nase und die Augen waren sichtbar. Ich erkannte sie sogleich wieder, diese feurigen Sterne, die ich im Frühjahr hier so oft in nächster Nähe hatte leuchten sehen – es war der Kaiser Napoleon, der sich auf mich stützte, und ich kann sagen, daß das Schicksal Europas einmal auf meinen Schultern ruhte.«*[21]

Das Carthesische Teufelchen, kolorierte Radierung, um 1814

Iwan Iwanowitsch Terebeneff, Die gastfreundliche Bewirtung Napoleons in Russland, kolorierte Radierung, 1812

Dass Förster wenig später in das Freikorps des preußischen Majors Ludwig Adolf Wilhelm von Lützow eintritt und gegen den Mann zu Felde zieht, dem er hier als Wegweiser und Stütze dient, entbehrt nicht einer gewissen Pikanterie.

Wenn auch die Masse der am Feldzug beteiligten sächsischen Truppen von den ärgsten Schrecken des Russlandfeldzuges verschont bleibt, gibt doch eine Schilderung des sächsischen Husaren Theodor Goethe einen zumindest vagen Eindruck von den Verhältnissen in den letzten beiden Monaten des Jahres 1812. Der damals 23-jährige entfernte Verwandte des Weimarer Dichterfürsten dient beim sächsischen Husarenregiment und nimmt mit diesem im VII. französischen Korps am Feldzug teil. Anfang Dezember befindet er sich mit seinem Regiment noch auf russischem Territorium. Selbst wenn das Regiment noch recht oft auf seinen Zügen in Bauernhäusern einquartiert war und relativ regelmäßig wenigstens ein Minimum an Verpflegung organisieren konnte, sind die einst so prächtigen Husaren – der Hauptgrund, warum Goethe Ende 1806 diese Einheit gewählt hatte – nach fünf Monaten Krieg nicht mehr wiederzuerkennen:

»Den 3. Dezember wurde der Marsch … fortgesetzt. Seit dem 14. November, wo die Kälte mit dem ersten Schneefall eintrat, hatte dieselbe nicht nur fortgedauert, sondern auch die letztern Tage, sich bis auf 14 Grad gesteigert. … In dem Theile von Rußland, welchen wir durchzogen, lagen nämlich die Dörfer nicht so nahe beisammen, wie in Deutschland, sondern sehr weit auseinander, mithin konnten wir bei Anbruch der Nacht nicht immer einen Ort erreichen, sondern mussten oft im Schnee kampieren. Hierzu kam, daß unsere Uniformstücke, welche wir seit dem 23. Juni, wo der erste Bivouac bezogen wurde, also über fünf Monate lang, Tag und Nacht auf dem Leibe getragen und damit oft auf dem blosen Erdboden, in Nässe und Schmutz, hatten liegen müssen, sehr unscheinbar und defect geworden waren. … Auch befanden sich fast alle Stiefel in einem sehr desolaten Zustande, indem das Oberleder derselben starke Risse bekommen hatte und mit Bändern oder Stricken nothdürftig zusammengehalten werden mußte … Um größeren Schutz gegen die Kälte zu haben, hatten viele Husaren sich mit russischen Bauernpelzen versehen und solche über die zerrissenen und halbverbrannten Uniformen gezogen. Auch wurden Pelzstreifen, welche die Ohren bedeckten, an den Czakos befestigt und wer keine Handschuhe besaß, wickelte Pelzlappen um die Hände. … In diesem kläglichen Zustande peinigte aber noch Ungeziefer unsere elenden und abgemagerten Körper, … welches wir in den elenden Dorfhütten aufgelesen und wohl auch mit den russischen Bauernpelzen als Zugabe bekommen haben mochten.«[22]

Ch. Lang, Übergang über die Beresina, kolorierte Lithografie, um 1830

Nicht weniger kümmerlich als Unterkunft und Ausrüstung ist die Verpflegung:

> *»Eine von uns ausgesendete Recogniscierung hatte den Russen mehrere mit Schiffszwieback beladene Wagen abgenommen und dieser war in Ermangelung des Brodes unter die Mannschaften des Husarenregiments mit vertheilt worden. Da nun aber dieser Zwieback … sehr hart und nicht gut zu beißen war, so konnte derselbe nur zu Suppen verbraucht werden, da er in dem heißen Wasser weich und breiartig wurde. Nachdem das Schneewasser, welches allerdings so manche schmutzige Beimischung erhalten hatte, zum Kochen gekommen, wurde eine Quantität von diesem Zwieback hineingethan und statt des mangelnden Salzes etwas Schießpulver beigemischt. So war denn eine Suppe ohne Salz und Schmalz, die eben nicht sehr appetitlich aussah, fertig, welche aber doch von uns begierig genossen wurde, um nur etwas Warmes im Magen zu haben.«*[23]

Am 3. Dezember 1812 diktiert Napoleon im weißrussischen Molodetschno das berüchtigte 29. Bulletin der Großen Armee, das am 17. Dezember im *Moniteur universel*, der regierungsamtlichen Pariser Tageszeitung, erscheint und die Öffentlichkeit zum ersten Male vorsichtig vom entsetzlichen Schicksal der nach Russland Gezogenen informiert. Es beginnt mit den Worten: *»Bis zum 6. November ist das Wetter bestens gewesen«* und legt damit den Grundstein für die sich seither hartnäckig haltende Legende, Napoleons militärisches Genie sei einzig am russischen Winter, der in jenem Jahr nicht nur recht spät eintraf, sondern auch relativ mild begann, gescheitert. Die zum Schluss verkündete Versicherung: *»Die Gesundheit Seiner Majestät ist niemals besser gewesen«* dürfte vor allem für jene, die ihre Heimat nie wiedergesehen haben, wenig Trost geboten haben. Ende Dezember erreicht das Grauen der grandiosen Katastrophe auch die deutschen Staaten. Im Westpreußischen Marienburg treffen kurz vor dem Jahreswechsel die ersten Heimkehrer ein. Der Schock ist nicht zu beschreiben. Ungläubig notiert ein Unbekannter, vermutlich ein Württemberger, am 27. Dezember 1812:

> *»Ein schreckliches Bild der Verwüstung, haben wir seyt 8 Tagen … die Straßen sind noch zugepfropft voll Menschen u. Pferden, und Gott in welchem Zustand! Nicht ein Gesunter u. die Officire nicht zu unterscheiden gegen den Knecht, flehen und wimmern um einen Platz beym Ofen. Ein Bett ist Ihnen eine unerhörte Wohltat. Viele sterben da sie weider müssen, und nun die grimmige Kälte! Die meisten gleichen den erfrorenen. Von Allen die hier durch bassirt sind, haben nur einige einen Körper, der nicht erfrorene Finger hat. Zu 4 u. 5 Officire waren in einem Schlitten zusammen gebackt, denen man die schon in Fäulniß uebergegangenen Glieder hatte abnehmen müssen. Viele waren die Gesichter zumtheil erfroren u. angefault u. alle diese Unglücklichen schriehen: Ach Hospital eine Stube – ich will sterben. O Jammer es waren Tausendte die so schriehen. … Dragoner in bloßen Füßen die ganz schwartz aussehen, fürthen sich je 3 u. 4 in dieser Kälte die Nacht hindurch u. fanden selten ein Obdach. Gestern ging die ganze sächsische Kavallerie hierdurch. Sie bestand aus 3 Schlitten voll Officire, in Betten gebackt, sämtlich mit erfrorenen Füßen zum Theil alle abgenommen, nebst 13 Gemeinen. … Von den Würtembergern 13 000 Mann kamen 10 Officire u. 100 Mann Gemeine hier durch zurück. Unter diesen befand sich der Oberst Cornette der 5 Tage bey uns geblieben um Auszuruhen. Er war ganz abgehungert und zerrissen. Ich habe ihm mitgegeben. Er behauptete, es sey ein vergeblicher Versuch Jemanden die Leiden zu schildern, die sie ertultet. Einige Fragmente die er gaab waren hinreichent, uns zu überzeugen.*
>
> *Sie haben nicht alleine Pferdefleisch, sie haben sogar die Leichname ihrer Cameraden verzehrt. Auf den Straßen wo keine Einwohner zu treffen waren, u. sie kein Obdach finden könnten, lagen die Erfrorenen so dick, daß mann sich ueber Sie weg den Weg nehmen muste, u. die halbdtoten von denen die sich vor dem nähmlichen Schicksaal fürchten musten, nackent ausgezogen wurden. Der Anblick, wie sich diese halberfrorenen gegen das Entkleiden zu wehren suchten, soll so gräßlich gewesen seyn, daß Cornette versichert, er werde nie Einschlafen, ohne diese Greuls immer vor Augen zu haben.«*[24]

Alles Deutschland oder was?

Stimmen gegen Napoleon

Allmählich sind es auch die Sachsen leid, die Kriege ihres großen Verbündeten in Weltgegenden, die sie oft nur vom Hörensagen kennen, mit Verzicht, mit Geld und mit den eigenen Landsleuten unterstützen zu müssen.

Die politische Zensur, ein damals absolut übliches Kontrollmittel des Staates, das als Institution zunächst tatsächlich nicht mit den Franzosen in Zusammenhang steht, verbietet ohne Pardon alle Schriften, die in irgendeiner Art und Weise als Kritik an Frankreich oder Napoleon gewertet werden können. Das allgemein verbindliche Leitbild für politische Nachrichten findet man im *Moniteur universel.* Bereits seit Jahren gilt eine unmissverständliche Vorschrift, nach der die *Leipziger Zeitung* ihre politische Berichterstattung auszurichten hat. Hier heißt es:

»1. Nach den zwischen dem französischen Reiche und den Mitgliedern des rheinischen Bundes obwaltenden Verhältnissen muß alles, was dem französischen Kaiserlichen Hofe anstößig seyn könnte, mit der äußersten Sorgfalt vermieden werden. Es sind daher namentlich alle und jede Nachrichten von den für Frankreich nachtheiligen, oder unangenehmen Ereignissen keineswegs zuerst zu verbreiten, sondern nicht eher und nicht anders in die Leipziger Zeitung aufzunehmen, als wenn und wie sie in dem Moniteur universel bekannt gemacht werden.
2. Die aus dem Moniteur entlehnten Artikel müssen vollständig und nicht verstümmelt, noch mit Zusätzen übertragen werden. …
6. Sollte Allerhöchsten Orts für gut befunden werden, den Leipziger Zeitungen eigenen politische Artikel einrücken zu lassen, so werden sie dem Zeitungspachter von Zeit zu Zeit eingeschickt werden und sind alsdann unverändert beizubehalten.«[25]

So eliminiert der zuständige Zensor aus der gewiss nicht vordringlich politischen Leipziger *Modenzeitung* den Passus, ein großer Charakter sei *»Freund der Freyheit der Nationen, ehrt das Gesetz über alles, und ist ein geschworener Feind der Willkür und Tyrannhey; Sklavensinn ist ihm fremd wie Tyrannnenlust«*[26]. Offensichtlich meint man, der eine oder andere Leser können dies auf den größten Charakter der Epoche, Napoleon, beziehen. So kursieren Nachrichten, an denen gerade in Leipzig wegen der zahlreichen Verbindungen in alle Welt kein Mangel herrscht, unter der Hand. Die verordnete öffentliche

Emma Sophie Körner, Theodor Körner in der Uniform eines Lützower freiwilligen Jägers, Öl auf Leinwand, um 1814

Einsilbigkeit quittiert mancher Reimeschmied mit dem einen oder anderen Vers, der in Kaffeegärten oder Weinlokalen zum Besten gegeben wird. So macht seit dem Fiasko Joseph Napoleons in Spanien auch in Leipzig ein Sprüchlein die Runde, das der zunehmend als Last empfundenen Partnerschaft mit Frankreich ein befreiendes Lachen entgegensetzen will:

> »*Um Krankheits Schmerzen zu besiegen, erschuf einst Gott die span'schen Fliegen, die allen Unrath an sich ziehn.*
> *So ziehn auch ietzt in unseren Tagen die Spanier unsre Landesplagen an sich Kraft ihrer Medizin.*«

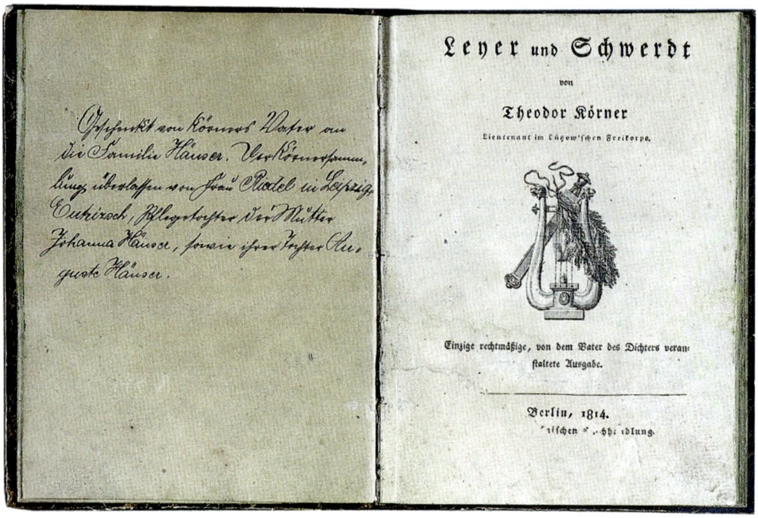

Theodor Körner, Leyer und Schwerdt, Berlin 1814

Auch die *Neuen Feuerbrände* Friedrich von Cöllns, eine Schriftenreihe, die sich eigentlich vornehmlich an die preußische Bevölkerung richtet und für eine grundlegende Reformierung Preußens streitet, zu denen der Leipziger Kupferstecher Christian Gottfried Heinrich Geißler regelmäßig die Illustrationen liefert, dürfen in Leipzig nicht verbreitet werden.

Der Leipziger Anatom und Universitätsprofessor Karl Friedrich Burdach berichtet in seinen Lebenserinnerungen von einigen sächsischen Anhängern des in Preußen wirkenden Tugendbundes, der sich in Sachsen besonders *»die Befreiung Deutschlands zum Ziel gesteckt und in überspannten Köpfen rein demokratischen Tendenzen angenommen«* habe. Die dort geschmiedeten Pläne einer deutschen Republik sieht er freilich als *»Schwindeleien«* an und lässt wenig Zweifel daran aufkommen, dass von einer wirklich breiten Bewegung in Sachsen keine Rede sein kann.[27]

Dennoch lassen die vielfältigen Belastungen im Vorfeld des Russlandfeldzuges, in Leipzig vor allem wieder Durchzüge und Einquartierungen schier endloser Truppenkolonnen, auch in der Messestadt den Wunsch nach dem Ende der Verbindung mit Napoleon lauter werden. Man hat es allmählich satt, vom Ruhm des großen Napoleon nur die Kehrseiten kennenzulernen.

Die ersten Nachrichten über die Katastrophe des Russlandfeldzuges, wenig später auch der Anblick der meist über Ostpreußen eintreffenden wenigen Überlebenden und deren Erlebnisberichte lassen die Menschen überall in den deutschen Staaten erschauern. Manch einer fragt sich nun, ob es wohl richtig gewesen sei, sich derart eng an Frankreich zu binden, dass man die überspannten Ambitionen dessen Kaisers nun mit einem

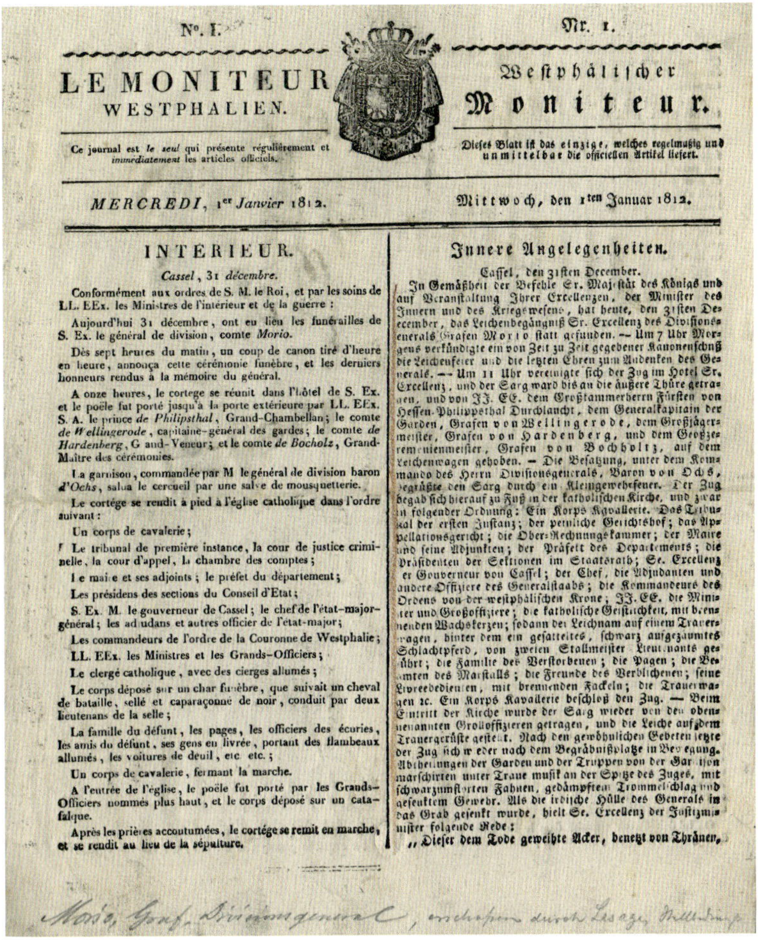

N°. I.

LE MONITEUR WESTPHALIEN.

Ce journal est *le seul* qui présente régulièrement et *immédiatement* les articles officiels.

MERCREDI, 1er *Janvier* 1812.

Nr. 1.

Westphälischer Moniteur.

Dieses Blatt ist das einzige, welches regelmäßig und unmittelbar die officiellen Artikel liefert.

Mittwoch, den 1ten Januar 1812.

INTERIEUR.

Cassel, 31 *décembre*.

Conformément aux ordres de S. M. le Roi, et par les soins de LL. EEx. les Ministres de l'intérieur et de la guerre :

Aujourd'hui 31 décembre, ont eu lieu les funérailles de S. Ex. le général de division, comte *Morio*.

Dès sept heures du matin, un coup de canon tiré d'heure en heure, annonça cette cérémonie funèbre, et les derniers honneurs rendus à la mémoire du général.

A onze heures, le cortege se réunit dans l'hôtel de S. Ex. et le poêle fut porté jusqu'à la porte extérieure par LL. EEx. S. A. le prince *de Philipsthal*, Grand-Chambellan; le comte *de Wellingerode*, capitaine-général des gardes; le comte *de Hardenberg*, Grand-Veneur; et le comte *de Bocholz*, Grand-Maître des cérémonies.

La garnison, commandée par M. le général de division baron *d'Ochs*, salua le cercueil par une salve de mousquetterie.

Le cortége se rendit à pied à l'église catholique dans l'ordre suivant :

Un corps de cavalerie;

Le tribunal de première instance, la cour de justice criminelle, la cour d'appel, la chambre des comptes;

Le maire et ses adjoints; le préfet du département;

Les présidens des sections du Conseil d'Etat;

S. Ex. M. le gouverneur de Cassel; le chef de l'état-major-général; les adjudans et autres officier de l'état-major;

Les commandeurs de l'ordre de la Couronne de Westphalie;

LL. EEx. les Ministres et les Grands-Officiers;

Le clergé catholique, avec des cierges allumés;

Le corps déposé sur un char funèbre, que suivait un cheval de bataille, sellé et caparaçonné de noir, conduit par deux lieutenans de la selle;

La famille du défunt, les pages, les officiers des écuries, les amis du défunt, ses gens en livrée, portant des flambeaux allumés, les voitures de deuil, etc. etc.;

Un corps de cavalerie, fermant la marche.

A l'entrée de l'église, le poêle fut porté par les Grands-Officiers nommés plus haut, et le corps déposé sur un catafalque.

Après les prières accoutumées, le cortége se remit en marche, et se rendit au lieu de la sépulture.

Innere Angelegenheiten.

Cassel, den 31sten December.

In Gemäßheit der Befehle Sr. Majestät des Königs und auf Veranstaltung Ihrer Excellenzen, der Minister des Innern und des Kriegswesens, hat heute, den 31sten December, das Leichenbegängniß Sr. Excellenz des Divisionsgenerals Grafen Morio statt gefunden. — Um 7 Uhr Morgens verkündigte ein von Zeit zu Zeit gegebener Kanonenschuß die Leichenfeier und die letzten Ehren zum Andenken des Generals. — Um 11 Uhr vereinigte sich der Zug im Hotel Sr. Excellenz, und der Sarg ward bis an die äußere Thüre getragen, und von II. EE. dem Großkammerherrn Fürsten von Hessen-Philippsthal Durchlaucht, dem Generalkapitain der Garden, Grafen von Wellingerode, dem Großjägermeister, Grafen von Hardenberg, und dem Großzeremonienmeister, Grafen von Bochholtz, auf dem Leichenwagen gehoben. — Die Besatzung, unter dem Kommando des Herrn Divisionsgenerals, Baron von Ochs, begrüßte den Sarg durch ein Kleingewehrfeuer. Der Zug begab sich hierauf zu Fuß in der katholischen Kirche, und zwar in folgender Ordnung: Ein Korps Kavallerie. Das Tribunal der ersten Instanz; der peinliche Gerichtshof; das Appellationsgericht; die Ober-Rechnungskammer; der Maire und seine Adjunkten; der Präfekt des Departements; die Präsidenten der Sektionen im Staatsrath; Se. Excellenz der Gouverneur von Cassel; der Chef, die Adjudanten und andere Offiziere des Generalstaabs; die Kommandeurs des Ordens von der westphälischen Krone; II. EE. die Minister und Großoffiziere; die katholische Geistlichkeit, mit brennenden Wachskerzen; sodann der Leichnam auf einem Trauerwagen, hinter dem ein gesatteltes, schwarz aufgezäumtes Schlachtpferd, von zweien Stallmeister Lieutenants geführt; die Familie des Verstorbenen; die Pagen; die Beamten des Marstalls; die Freunde des Verblichenen; seine Livreebedienten, mit brennenden Fackeln; die Trauerwagen 2c. Ein Korps Kavallerie beschloß den Zug. — Beim Eintritt der Kirche wurde der Sarg wieder von den obenbenannten Großoffizieren getragen, und die Leiche auf dem Trauergerüste gestellt. Nach den gewöhnlichen Gebeten setzte der Zug sich wieder nach dem Begräbnißplatze in Bewegung. Abtheilungen der Garden und der Truppen von der Garnison marschirten unter Trauermusik an der Spitze des Zuges, mit schwarzumflorten Fahnen, gedämpftem Trommelschlag und gesenktem Gewehr. Als die irdische Hülle des Generals in das Grab gesenkt wurde, hielt Se. Excellenz der Justizminister folgende Rede:

„Dieser dem Tode geweihte Acker, benetzt von Thränen,

Le Moniteur Westphalien, Kassel, Ausgabe vom 1. Januar 1812

solchen Blutzoll begleichen musste. Für viele ist das Desaster von 1812 auch nur die Bestätigung eines Zweifels, einer Skepsis, mitunter auch eines regelrechten Hasses gegen Napoleon. Ausgehend von Preußen, das die Niederlage im Krieg 1806/07 ungleich teurer als der sächsische Verbündete bezahlt hat, spielt auch das Motiv der Vergeltung eine wichtige Rolle.

Gemeinsam mit diesen machen schon in jenen Jahren alle, die wider den Stachel der französischen Dominanz in Europa löcken, die nationale Karte zum Trumpf im Spiel um Macht und Rache und Selbstbehauptung. Zielgerichtet gefördert von antifranzösischen Zirkeln der politischen Kaste in Preußen und mitunter auch direkt aus englischen Kassen subventioniert, nehmen sich vor allem Publizisten des zunächst zaghaft sprossenden Keims deutschen Nationalbewusstseins an. In ihm machen sie eine der wirksamsten Waffen zur Mobilisierung der Bürger für einen erneuten

Links: Heinrich Daehling, Johann Gottlieb Fichte, Lithografie, um 1840
Rechts: Franz Krüger, Friedrich Daniel Ernst Schleiermacher, Lithografie, um 1840

Kampf gegen das Frankreich Napoleons aus. Männer wie Fichte, Schelling, Schleiermacher oder Kleist wenden sich an das intellektuelle Bildungsbürgertum, Arndt, Jahn oder Körner bedienen die etwas volkstümlichere Ebene. Politiker, Gelehrte und aufgeschlossene Fachleute wie von und zum Stein, Hardenberg, Humboldt, Scharnhorst oder Gneisenau machten sich ans Reformwerk der preußischen Gesellschaft und schaffen Strukturen eines preußischen Staates, den der Staatsbürger auch gewillt sein soll, mit seinem Leben zu verteidigen. All das strahlt auch auf Sachsen aus und findet hier besonders oft bei der akademisch gebildeten Jugend Zustimmung.

Das Freikorps des preußischen Majors von Lützow kann etliche berühmte sächsische Namen in seine Stammrolle eintragen. Beide Söhne des Oberkammerherrn Johann Georg Friedrich von Friesen, der Sohn des sächsischen Generals Karl Friedrich Ludwig von Watzdorf, der Sohn des Verlegers Georg Joachim Göschen oder auch der Sohn des Oberappellationsgerichtsrats Christian Gottfried Körner wollen unbedingt gegen Napoleon und für die »deutsche Sache« kämpfen. Schon 1806 hat der junge Theodor Körner sein »Lied der Rache« geschrieben, das erst in die Körner-Ausgaben des späten 19. Jahrhunderts Eingang findet, weil es den Zeitgenossen zuvor in seiner Brutalität allzu drastisch erschien. Der Sohn eines sächsischen Staatsrates und ehemalige Leipziger Student dichtet:

»…
Sühnt Blut mit Blut! – Was Waffen trägt, schlagt nieder!
's ist alles Schurkenbrut!
Denkt unsres Schwurs, denkt der verrat'nen Brüder
Und sauft euch satt in Blut!

Und wenn sie winselnd auf den Knien liegen
Und zitternd Gnade schrei'n –
Laßt nicht des Mitleids feige Stimme siegen,
Stoßt ohn' Erbarmen drein!
…
Ha, welche Lust, wenn an dem Lanzenknopfe
Ein Schurkenherz zerbebt
Und das Gehirn aus dem gespalt'nen Kopfe
Am blut'gen Schwerte klebt!
…«

Ähnlich radikal zeigt sich auch der Preuße Ernst Moritz Arndt. Er schreibt in seiner Flugschrift aus dem Jahre 1813:

> *»Laß die Franzosen in Frankreich Franzosen seyn, in Deutschland sollen sie es nicht seyn; da müssen sie und ihre Anhänger und Evangelisten geächtet seyn und als Hochverräther an dem Lande und Volke bestraft werden, da ist die einzige Menschlichkeit, diejenigen zu vertilgen, welche das göttliche und menschliche Recht durchbrechen und sich frevelhafter Tyrannhei anmaßen; … Ich will den Haß gegen die Franzosen nicht blos für diesen Krieg, ich will ihn für lange Zeit, ich will ihn für immer. … Dieser Haß glühe als die Religion des deutschen Volkes, als heiliger Wahn in allen Herzen und erhalte uns immer in unserer Treue, Redlichkeit und Tapferkeit.«*[28]

Gelesen wird Derartiges auch in Sachsen, doch dürfte es zumeist als überspannt empfunden worden sein. Regelrechter Rachedurst ist unter der sächsischen Bevölkerung nicht weit verbreitet, eher Überdruss und Müdigkeit und die Hoffnung, endlich wieder ein normales, von Kriegslasten und Sondersteuern befreites Leben führen zu können. Dazu passt die Analyse des noch in sächsischen Diensten stehenden Generals Thielmann. Der versucht in den Meldungen an seinen Souverän, diesen auch über die Stimmung in Sachsen zu informieren. So heißt es unter anderem in einer Mitteilung aus dem Frühjahr 1813:

Johann Michael Voltz, Der grosse Todtengräber, Radierung, um 1814

> *»Die Indisciplin der französischen Truppen hat auf den Geist der Nation einen entschiedenen und ganz sichtbaren Einfluß, so daß man sich gar nicht verhehlen kann: es glimme ein Feuer unter der Asche, welches allerdings eben so leicht zu unterdrücken sein wird, als es nicht zu leugnen ist, daß es auch nur der geringsten Veranlassung bedarf, um es in helle Flammen ausbrechen zu lassen.«*[29]

Dass man auch auf französischer Seite ein Übergreifen der »Volksbewegung« von Preußen auf Sachsen befürchtet, schildert Johann Carl Gross, der im Frühjahr 1813 den erkrankten Leipziger Bürgermeister beim Eintreffen des neuen Militärgouverneurs Leipzigs, des französischen Generals Jean-Toussaint Arrighi de Casanova, am 27. Mai vertritt:

»Als ich ihn im Namen des Magistrats im Hôtel de Prusse, wo er abgestiegen war, begrüßte, äußerte er sich sehr missfällig über die Gesinnung der Leipziger, und es stimmte ihm hierin sehr lebhaft der mit anwesende … General von Hogendorp bei, welcher alle Deutschen beschuldigte, von dem Geiste Stein's und Kotzebue's angesteckt zu sein.«[30]

Das ist zwar mit einiger Sicherheit eine völlig irrige Ansicht. Geteilt wird sie aber auch von Napoleon selbst. Am 3. Juli 1813 erscheint im Dresdner Marcolini-Palais eine Leipziger Abordnung aus Vertretern der Kaufmannschaft und des Rates zur Audienz beim Kaiser. Man will um Aufhebung des Belagerungszustandes bitten – er lähmt das öffentliche Leben der Stadt. Der Seidenhändler Jacques Ferdinand Dufour-Feronce berichtet über das Gespräch mit Napoleon:

»Kaiser: … Sie exerzieren gar keine Polizei in Ihrer Stadt. Ich bin sehr unzufrieden mit Ihnen. Man beleidigt mich bei Ihnen, man beleidigt meine Soldaten; man sieht meine Truppen missgünstig an. Denkt, was Ihr wollt; sagt es ganz laut, wenn der Feind dort ist; aber jetzt, wo meine Truppen im Lande sind, sich so aufzuführen … das ist dumm, das ist zu dumm. … Man wird mich mit allen diesen Torheiten dazu zwingen, ich werde in Deutschland ein Beispiel geben müssen. Ich werde eine Stadt verbrennen müssen, um die übrigen zu schrecken. Es würde mir leid tun; also sorgen Sie; daß es nicht die Ihrige sei, denn ich werde verfahren, wie ich sage. …

Dufour: Ich muß doch gestehen, daß es nicht immer junge Studierende allein sind, sondern auch junge Leute aus den kaufmännischen Geschäften, Handelslehrlinge oder Handelsdiener, welche sich zuweilen unüberlegte Äußerungen erlauben, oft infolge des Lesens von Schriften, welche gallsüchtige Schriftsteller nur zu sehr in Deutschland verbreitet haben. …

Kaiser: Ich werde den Belagerungszustand aufheben, sobald der König eine tüchtige, wohl organisierte Bürgergarde eingerichtet hat, welche die Ruhe aufrecht erhalten kann. … Euer König ist mein Verbündeter, er ist auf meiner Seite, und wenn Ihr gegen sein System Euch auflehnt, dann seid Ihr Rebellen. … Adieu, bringen Sie Ihre Polizei in Ordnung.«[31]

Davon, wie wenig die schließlich aufgestellte Leipziger Bürger-National-Garde gegen die Missstimmung der Bürger unternehmen kann, wird noch zu berichten sein. Grundsätzlich kann sie an der allgemeinen Stimmungslage nichts ändern. Die Leipziger haben die Beteiligung am Kampf um die Weltherrschaft gründlich über.

Neue Allianzen

1813. Frühjahrsfeldzug

Heinrich Cotta, Die ersten Kosaken in Leipzig, Aquarell und Deckfarben, Leipzig, 1813

Noch befindet sich der größte Teil der sächsischen Truppen, die an Napoleons Zug nach Russland beteiligt waren, in Polen. Nachrichten vom tatsächlichen Geschehen im Osten sind rar, doch kehren allmählich immer mehr traurige Reste der im Juni so imposant herausgeputzten Heeresmasse nach Deutschland zurück. Die Nachricht von der Katastrophe lässt sich nicht mehr verheimlichen. Auch die angespannte Situation zwischen Preußen und Frankreich ist in Sachsen kein Geheimnis. Die Fama von der beispiellosen Eigenmächtigkeit eines preußischen Offiziers, des Generals Johann David Ludwig Yorck, der am 30. Dezember ohne Ermächtigung seines Königs mit einem russischen General die Neutralisierung des preußischen Hilfskorps für Napoleon beschlossen hatte, ist auch nach Sachsen gedrungen. Spätestens seit Friedrich August I. von Dresden aus die Polen zur entschlossenen Verteidigung des Vaterlandes gegen die Russen aufgerufen hatte (das Herzogtum Warschau wurde vom sächsischen König regiert), ist man auch in Leipzig über das Vordringen der Armee des Zaren informiert. Misstrauisch beobachten natürlich auch die Franzosen das Verhalten ihrer mitteldeutschen Bündnisgenossen. So sieht sich der Leipziger Rat veranlasst, am 25. Januar 1813 per Anschläge in der Stadt darauf hinzuweisen, dass das *»Zusammentreten, und Truppenweise Verweilen auf*

Straße und öffentlichen Plätzen, wodurch Ordnung und öffentliche Ruhe so leicht gestört, und zu Exzessen Veranlassung gegeben wird, keineswegs gestattet werden kann …«[32]

All dies kann nicht verhindern, dass am 8. Februar Warschau von russischen Truppen besetzt wird und fünf Tage darauf bei einem Gefecht zwischen dem russischen General Ferdinand von Wintzingerode und französisch-polnisch-sächsischen Truppen ein sächsischer General und Teile des von ihm befehligten Infanterieregiments mit zwei Geschützen und zwei Fahnen dem Feind in die Hände fallen. Nun ist der Krieg endgültig im Reiche Friedrich Augusts angekommen.

Der weitere Vormarsch der Russen zur Oder und über diese hinaus führt zu Truppenbewegungen auf Seiten Napoleons und seiner Verbündeten, die auch Leipzig zu spüren bekommt. Teile zahlreicher französischer Infanterieregimenter und eine polnische Division passieren Leipzig in jenen Tagen ebenso wie das gesamte Verwaltungsbüro der Armee, der Stab des Marschalls Davoust und der Vizekönig von Italien, Eugène-Rose de Beauharnais, der Stiefsohn Napoleons, samt Generalstab der Grande Armée, womit Leipzig vorübergehend gar zum Hauptquartier der französischen Armee wird. Die Folge sind erneute Einquartierungen in großer Zahl. Weitaus schlimmer aber ist das ununterbrochene Eintreffen von Kranken des Russlandfeldzuges. Bereits am 17. Februar 1813 werden die französischen Lazarette aus Leipzig nach Weißenfels verlegt, weil sich in der Stadt die Fälle von Typhus häufen. Der Leipziger Rat versucht, durch eine ungewöhnlich ausführliche Bekanntmachung einige wichtige Verhaltensmaßregeln zur Vermeidung von Ansteckungen zu verbreiten. Besonderes Augenmerk liegt dabei auf der Luftverbesserung, da man davon ausgeht, die gefährliche Krankheit werde durch schlechte »Ausdünstungen« übertragen. Zur Reinigung empfiehlt man *»die, aus einem Gemisch von zehn Teilen Kochsalz und zwei Theilen Braunstein, bey allmähligem Zugießen von acht Theilen reinem Vitriolöl sich entwickelnden Dämpfe«* und ordnet an:

> *»Auf den Vorsälen und Gänge der Häuser, vorzüglich aber auf den heimlichen Gemächern müssen beständig Gefäße mit dieser Mischung stehen und das Fortdampfen, durch von Zeit zu Zeit wiederholtes Nachgießen von Vitriolsäure, erhalten werden. … Da sie (die Dämpfe) das Verbleichen der Farben und das Rosten der Metalle bewirken, so können sie in Zimmern, in denen sich Gemälde, Uhren und dergl. befinden, nicht eher, als nach Entfernung derselben, angewendet werden. … Noch muß bemerkt werden, daß das Mittel, in dieser concentrierten Gestalt angewendet, alles in Betten, Kleidern und Zimmern sich aufhaltende Ungeziefer, worüber nach den letzten Durchmärschen so häufig geklagt wird, schnell und sicher vertilget.«*[33]

Christian Gottfried Heinrich Geißler, Kalmücken, kolorierte Radierung, um 1807

Wenigstens gegen das Ungeziefer helfen also die ätzenden Dämpfe. Die Epidemie einzudämmen, gelingt nicht, sodass ab dem 12. März nach Leipzig gebrachte kranke Soldaten in einem eigens am Fleischerplatz errichteten Gebäude untersucht und zum Teil in andere Lazarette umgeleitet werden. In die Stadt hinein kommt vorerst kein Krankenwagen mehr.

Im Februar besetzt der russische Oberst Victor Anton Franz von Prendel, der später als Stadtkommandant Leipzigs noch eine Rolle spielen wird, mit seinen Kosaken die Oberlausitzer Stadt Lauban. Als regelrechtes Feindgebiet wird Sachsen nicht behandelt. Zwar haben sich Preußen und Russland mittlerweile auf einen Bündnisvertrag verständigt, der Preußen sächsischen Gebietszuwachs zusichert, ob Sachsen aber vielleicht doch noch die Seiten wechselt, scheint noch nicht festzustehen.

Inzwischen bereitet sich die Bevölkerung in Teilen Preußens schon auf einen Krieg gegen Frankreich vor, mit dem ihr König offiziell noch verbündet ist. Im russisch besetzten Ostpreußen stellen Bevölkerung und Deutsche in russischen Diensten bereits Truppen gegen die Franzosen auf, derweil der preußische König noch mit Napoleon verbündet ist und erst einmal recht schleppend nach allen Seiten sondiert. Mit Mühe deklariert Friedrich Wilhelm III. die von der eigenen Bevölkerung schon gebildeten Freiwilligenabteilungen gegenüber den Franzosen als neue Hilfskräfte für Napoleon. Während ihr König noch mit den Russen um die polnischen Gebiete schachert, bereiten sich seine Untertanen schon auf den Kampf vor. Mit einigem Druck und vom Zaren ultimativ aufgefordert, sich auf eine Seite festzulegen,

Christian Gottfried Heinrich Geißler, Brillijante Cavallerie der Franzosen 1813, kolorierte Radierung, um 1813

entscheidet sich schließlich auch der Preuße. Ende Februar geht er einen förmlichen Bündnisvertrag mit Russland ein, am 16. März überreicht der preußische Staatskanzler dem französischen Gesandten in Berlin die Kriegserklärung.

Währenddessen haben es die Franzosen fertiggebracht, sich auch in Sachsen weiter unbeliebt zu machen. Unter der Führung des Vizekönigs von Italien, Napoleons Adoptivsohn Eugène de Beauharnais, der die Reste der napoleonischen Armee in den deutschen Staaten befehligt, hat man sich zunächst aus dem Gebiet zwischen Oder und Elbe zurückgezogen. Mit dem Vorrücken der Russen richten sich die Franzosen auf einen Kampf um Dresden ein und bereiten die Sprengung der großen Elbebrücke vor. Als ein französischer Pionieroffizier Vorbereitungen treffen lässt, Pfeiler und Brückenbogen mit Sprengstoff zu versehen, begehren die ihrer Stadt von jeher völlig verfallenen Dresdner auf. Ein Volkshaufen verjagt die Sprengmeister und wirft im Brühlschen Palais – der französische General Reynier hat dort Quartier bezogen – die Fenster ein. Zumindest ein Teil der Sachsen hat offensichtlich die Nase von den Franzosen voll. Man stellt die Sprengarbeiten vorerst zurück. Weniger rücksichtsvoll ist der ohnehin sehr energische Marschall Davout. Am 12. März in Meißen mit seinen Truppen angelangt, zeigt er erst einmal, was man mit auch noch so schönen Brücken macht, ehe sie vielleicht dem Feind in die Hände fallen – er brennt sie ab. Sieben Tage später löst sich angesichts umherschwärmender Kosaken unter Zuhilfenahme von 23 Zentnern Schwarzpulver nun doch ein Teil der Dresdner

Iwan Iwanowitsch Terebeneff, Russische Infanterie und französische Kavallerie, kolorierte Radierung, 1813

Augustusbrücke in fliegende Trümmer auf. Die Sachsen sind ob der rüden Tat entsetzt, einschließlich des Königs. Friedrich August, der sich mit dem Hof aus Dresden nach Plauen abgesetzt hat, befiehlt nun, die sächsischen Truppen sämtlichst nach Torgau zu verlegen. Angeblich zur Reorganisation, de facto um sie aus der Verfügungsgewalt der Franzosen zu entfernen. Angesichts immer massiver vor Dresden auftauchender russischer Truppen keine einfache Sache, doch es gelingt. Der kommandierende General Thielmann erhält den Befehl, die Festung weder den Franzosen noch den Verbündenten zu öffnen. Während man in Dresden den Verlust der Brücke heftigst beklagt, wird am 20. März in Leipzig gefeiert. Zum zweiten Wiegenfest des Napoleon Franz Joseph Karl Bonaparte, Napoleons Sohn, hat der italienische Vizekönig eine große Parade der kaiserlichen Garden in Leipzig angeordnet. Nach dem prachtvollen Militärschauspiel, der Gratulationscour, die Eugène de Beauharnais stellvertretend entgegennimmt, und einem Ball wird dem Jubilar zu Ehren im Theater Mozarts wenig kindgerechte »Entführung aus dem Serail« gegeben. Aus ehrlichem Herzen feiern wohl zumindest Leipzigs Bedürftige. Sie erhalten vom recht beliebten Vizekönig ein Geschenk von 1500 Talern. Friedrich August beschließt derweilen, sich zunächst nach Regensburg, später nach Prag zu begeben, um mit Österreich Verhandlungen aufzunehmen. Dort weiß man nicht so recht, was man von dem Sachsen halten soll, der da mit einem Teil seiner Familie, der Staatskasse und zwei bayerischen Kürassierregimentern erscheint. Es beginnen

Gespräche, in denen klar wird, dass sich Friedrich August um den Fortbestand seines Königsreiches sorgt, in dessen Hauptstadt Alexander I. und Friedrich Wilhelm III. inzwischen trotz kaputter Brücke eingezogen sind.

Der Sachse ist durchaus zum Bündnis mit Franz I. bereit. Als gegenwärtiger Herzog von Warschau erwartet er allerdings wenig Gutes von den Russen, mit denen er sich formell noch im Krieg befindet. Dass Preußen ohne viel Federlesens den ehemals preußischen und jetzt sächsischen Kreis Cottbus wieder in Besitz genommen hat, ohne mit Friedrich August zu verhandeln, stärkt auch das Vertrauen zu den Preußen nicht. Die Prager Gespräche gipfeln im April in einer Vereinbarung, in der sich Sachsen verpflichtet, alle Maßnahmen zu unterstützen, die Österreich für die Wiederherstellung des Friedens als notwendig erachten würde. Der geschmeidige Staatskanzler Klemens Wenzel Lothar von Metternich besteht allerdings darauf, dass die Übereinkunft zunächst nicht publik gemacht wird, damit Österreich, mittlerweile gegenüber Frankreich ein neutraler Staat, nicht kompromittiert werde und seine Rüstung beenden könne.

Unterdessen sind Preußen und Russen in Sachsen auf dem Vormarsch. Deren Heerführer Gebhard Leberecht von Blücher und Ludwig Adolph Peter Fürst zu Sayn-Wittgenstein wenden sich am 23. März per Aufruf an die Einwohner Sachsens:

> *»Wir ziehen, wohin der Finger der Vorsehung uns weiset, um zu kämpfen für die Sicherheit der alten Throne, und unsere National-Unabhängigkeit. … Wir bringen Euch die Morgenröthe eines neuen Tages. Die Zeit ist endlich gekommen, ein verhasstes Joch abzuwerfen, das uns seit Jahren furchtbar drückte. … Schon hat der Vandalismus der Euch unterdrückenden Fremdlinge Euer schönstes Monument der Baukunst, die Brücke zu Dresden unnöthig und muthwillig zerstört. … Euer Landesherr ist in fremder Gewalt; die Freyheit des Entschlusses ist ihm genommen. … Nur für Euern Herrn wollen wir die Provinzen Eures Landes in Verwaltung nehmen … Den Freund deutscher Unabhängigkeit werden wir als unsern Bruder betrachten, den irregeleiteten Schwachsinnigen mit Milde auf die rechte Bahn leiten; …«*[34]

Ganz ähnlich wie hier Blücher argumentiert auch der russische General Wittgenstein und verspricht den Sachsen die »Befreiung« des Vaterlandes.

Am 31. März treffen die ersten Kosaken in Leipzig ein und setzen die letzten französischen Offiziere, die beim Rückzug ihrer Truppen den Anschluss verpasst haben, gefangen. Anderentags folgen größere russische Truppenmassen und schlagen rund um Leipzig ihre Lager auf. Um sich mit den fremden Russen verständigen zu können, sind Leipzigs Buchhändler rasch mit diversen Wörterbüchern zur Stelle und verschiedene in Leipziger

Verlagen erscheinende Kupfer mit russisch beschrifteten Heiligendarstellungen sollen wohl besonders im Hinblick auf das Wohlverhalten russischer Quartiergäste ihre segensreiche Wirkung entfalten. Wenig später langen auch die Preußen an, besonders Freiwilligeneinheiten. Für den nächsten Monat bestimmen sie das Stadtbild. Aufseiten Napoleons sucht man ebenfalls auf die Bevölkerung einzuwirken und die Vorfälle des zeitigen Frühjahrs als belanglose Episode darzustellen. Eugène de Beauharnais wendet sich mit einem Aufruf an die Bewohner der mit Napoleon verbundenen Länder:

> *»Der Feind hat es gewagt, einige Haufen von Cavallerie in eure Besitzungen einrücken zu lassen. … Ein unnützer … Zuschauer des Verlustes, den wir von einem grausamen Klima in einem unwirthbaren Lande erlitten haben, gab der Feind sich das Ansehen, unser Unglück als eine Niederlage zu betrachten und ward darauf stolz, gleichsam als hätten wir dasselbe nur ihm beizumessen. Weiß es Europa etwa nicht, daß … der Feind sich keines andern Erfolges zu rühmen hat, als das Berliner Kabinet zu Treulosigkeit verleitet zu haben? Die französische Armee führt keinen Krieg gegen die Völker. Sie wird euch gegen die Russen und Preußen beschützen; aber sie wird auch nicht dulden, daß irgend ein Unterthan der von ihr besetzten Länder die Parthei ihrer Feinde nehme …«*[35]

Am 17. April trifft auch das Freikorps des preußischen Majors Lützow in Leipzig ein und eröffnet in der Stadt ein Werbebüro. Einige Hundert junge Männer treten in den folgenden Wochen der Truppe bei, die vor allem Nichtpreußen die Teilnahme am Kampf an der Seite der Verbündeten ermöglicht. Ein Leipziger Zeitzeuge sieht den Erfolg etwas weniger optimistisch:

> *»Seitdem die Preußen den sächsischen Grund und Boden betreten hatten, war ein Werbebüreau in Leipzig für Freiwillige errichtet worden. Man hütete sich sorgfältig zu einer gewaltsamen Werbung, der nichts im Wege stand, zu schreiten, um durchaus alles zu vermeiden, was einem engherzigen Misstrauen Gelegenheit geben konnte, dem Bunde zwischen Russland und Preußen gehässige und kleinliche Zwecke beyzumessen. Dieses Büreau erreichte indessen seine Absicht nur zum Theil. Die Zahl der freywilligen Sachsen entsprach bey weitem der Erwartung nicht. Im Ganzen fehlte es zwar an Zulauf gar nicht … Diese bestanden indessen größtentheils aus jungen Preußen, die sich entweder in Sachsen befanden, oder aus den preußischen Provinzen theils schon equipirt her kamen. Die Zahl der freiwilligen Sachsen bleib die mindere.«*[36]

In den Reihen der Männer in ihren schwarzen, rot abgesetzten und mit goldfarbenen Knöpfen besetzten Uniformen versieht auch ein Sachse sei-

Thomas Sutherland, Gebhard Leberecht von Blücher, Aquatinta, London, 1815

nen Dienst, der bereits in Breslau beigetreten war – Theodor Körner. Der junge Dichter wird noch in Leipzig zum Offizier des Korps ernannt und verbringt die Tage an der Pleiße – Leipzig kannte er noch aus seinen Studentenjahren – mit dem, was er am besten kann, dem Dichten. Auf dem Schneckenberg hinter dem heutigen Opernhaus entsteht das berühmte Reiterlied, das als »Lützows wilde, verwegene Jagd« rasch populär wird. Daneben nutzt Körner die Zeit und gibt die Fertigung einer Brille beim Optiker im Rathaus in Auftrag. Abgeholt hat er sie jedoch nie. Vielleicht sollte es die nicht korrigierte Kurzsichtigkeit sein, die sich wenig später für ihn so unglücklich auswirkte? Im besagten Optikergeschäft betrachtete man noch Generationen später den unzuverlässigen Kunden dank des Vermerks im historischen Auftragsbuch als Glücksfall.

Christian Gottfried Heinrich Geißler, Entehrung und Plünderung der Todten in Steinitz, im August 1813, Radierung, um 1814

Inzwischen ist die Leipziger Bevölkerung die Anwesenheit von Militär in ihren Mauern gewohnt. Insgesamt benehmen sich die fremden Truppen – besonders vor den Russen hatte man sich geängstigt – recht manierlich. Auch die wissen um die Verhandlungen, die der sächsische König führt. Noch hoffen sie auf einen neuen Verbündeten und halten sich gegenüber der Bevölkerung maßvoll zurück. Ähnlich ergeht es auch den Preußen. Der Kommandeur eines Korps freiwilliger Jäger, der Rittmeister Friedrich August Peter von Colomb, berichtet: *»Die Landes-Einwohner interessirten sich überall mit wenigen Ausnahmen auf das Lebhafteste für uns, leisteten Vorschub, wo sie konnten, gaben mit Nachrichten und freuten sich mit uns über jedes gelungene Unternehmen.«*[37] Obgleich die Messestädter den Anblick Fremder durchaus gewohnt sind, weckt der Einzug jener Truppen, die das gewaltige Heer Napoleons im Jahre 1812 so wirksam bekämpft hatten, doch die Neugier. Der Leipziger Ludwig Hußell macht sich selbst auf die Tour durch die Biwaks:

> *»Der Verfasser sah einen Husaren am Boden sitzen, der einen Häring verzehrte. Ein Hund drängte sich schmeichelnd an ihn, und während der Husar am Kopf aß, fasste der Hund den Häring am Schwanze. Der Herr des unverschämten Gastes lief sogleich herbey, und wollte ihn mit Stockschlägen fortjagen. Allein der guthmüthige Soldat fand diese Dreistigkeit so drollig,*

daß er dem Hunde nichts thun ließ, während sein Tischgenosse die untere Hälfte verzehrte. … Gleichförmigkeit herrschte, wie bereits oben erwähnt worden ist, in ihrem Aeußeren durchaus nicht, wiewohl ihre Kleidung nicht selten sogar kostbar war. An ein Ensemble dachte keiner. Einer derselben hatte einen feinen blauen Mantel, mit silbernen Granaten am Kragen. Als man ihn fragte, ob es französische Beute sey, nickte er mit dem Worte – ›Franzus‹ mit dem Kopfe. Er schlug ihn zurück, und zeigte einen kostbaren Husarenpelz, stark mit Gold besetzt; als er auch diesen öffnete, kam eine feine französische Gardeuniform zum Vorschein.«[38]

Das Verhältnis der Leipziger zu den russisch-preußischen Truppen, die sich anstrengen, den potenziellen Bündnispartner nicht zu brüskieren, ist im Frühjahr erstaunlich entspannt. Im April wird gar der Markt für die Feier des orthodoxen Osterfestes hergerichtet und die Leipziger bemühen sich, den traditionellen Ostergruß »Christus ist auferstanden« – »Er ist wahrhaftig auferstanden« in Russisch zu radebrechen, um anschließend mit den Fremden ein Ei oder wenigstens einen Schnaps, vermutlich eher diesen, auszutauschen.

Immer wieder machen Nachrichten von kleineren bewaffneten Auseinandersetzungen zwischen der russisch-preußischen Armee und Napoleons Truppen die Runde. Meist sind sie ohne strategische Bedeutung und das Kriegsglück zeigt sich wankelmütig mal der einen, mal der anderen Seite gewogen. Ende April werden die Truppenbewegungen auch für die Leipziger deutlicher spürbar. Yorcks ganzes Korps marschiert durch die Stadt und rückt auf Zwenkau vor, die Franzosen unter dem Marschall Étienne Jacques Joseph Alexandre Macdonald zwingen rund 8 000 Mann der Verbündeten, Halle zu räumen, Napoleon richtet sich höchstselbst in Weißenfels ein und der Leipziger Rat fordert zur Ablieferung von Brot, Strohsäcken und Verbandsmaterial auf.

Ziemlich unerwartet trifft die Nachricht von einem neuen Sieg Napoleons ein. Am 2. Mai erleiden die Heere der beiden neuen Verbündeten in der ersten Schlacht der später sogenannten Befreiungskriege gegen Napoleon eine empfindliche Niederlage. Von jeher mit einer Ader für starke Bilder versehen, nennt der Kaiser der Franzosen die Schlacht, die den Gegner doch nicht vernichtet und deren Sieg er mit erschreckend hohen Verlusten erkauft, »la bataille de Lützen«. Er hat die Nacht zuvor am Denkmal für den Schwedenkönig Gustav II. Adolf verbracht und gefällt sich wohl in der Tradition des »Löwen aus Mitternacht«, der einst das stärkste Reich Europas erzittern ließ. In den deutschen Landen wird von der Schlacht bei Großgörschen gesprochen. Am selben Tage rücken auch die Franzosen wieder in Leipzig ein, das die verbündeten Truppen verlassen haben.

Noch hofft Friedrich August, sich die erneute Beteiligung an Napoleons mörderischen Unternehmungen vom Halse halten zu können. Am 5. Mai ermahnt er den Kommandanten der sächsischen Festung Torgau nochmals ausdrücklich, auch im Falle eines Vorrückens der Franzosen diesen die Festung nicht zu öffnen. Auf heftigen Druck Napoleons gibt der Monarch fünf Tage später nach und befiehlt seinem General, die Festung mitsamt den dort stationierten sächsischen Truppen den Franzosen zu übergeben. Festungskommandant Thielmann quittiert den Dienst und tauscht die Uniform gegen die eines Generals der russischen Armee. Leipzig und bald auch Dresden sind wieder in französischer Hand, Friedrich Augusts Versuch des Seitenwechsels ist misslungen. Napoleon sendet ihm eine unmissverständliche »Einladung« nach Prag, sich wieder in seine Hauptstadt zu begeben. Unter dem Namen eines Grafen von Landsberg reist er inkognito nach Dresden und alles scheint wie zuvor, und doch beobachten auch die Leipziger Unterschiede zu den französischen Truppen früherer Tage:

> *»Der Marschall Ney … marschirte am 5ten mit seinem Korps (dem 4ten) ein. Wir erstaunten nicht wenig, als wir die ungeheure Anzahl von Truppen sahen, welche zu einem einzigen französischen Armeekorps gehören, und deren das ganze Heer 18 haben sollte. … Einem aufmerksamen Beobachter konnte indessen bey allen diesen großen Massen der Unterschied nicht entgehen, der zwischen diesem und dem Davoustschen Korps, welches 1806 am 18ten Oktober hier einzog, Staat fand. Man sahe damals in einer einzigen Voltigeurkampagnie mehr alte bärtige Soldaten, als hier unter mehreren Regimentern. Ueberall konnte man die flüchtige Eile bemerken, mit welcher man das neue Heer zusammengestoppelt haben musste. … Wenn man die große Menge schwacher junger Rekruten in den Gliedern betrachtete, so war es nicht schwer, vorauszusagen, dass ein großer Theil bey langer Dauer des Feldzugs, ohne unter dem feindlichen Schwerte zu fallen, den Strapazen unterliegen würde. … Die sonst ausgesuchte Regimentsmusik war verschwunden, die baumlangen Tambour-majors zu kleinen Korporalen eingeschrumpft. … Sahe es mit der inneren Gediegenheit des Heeres, an der man alle Ursache zu zweifeln hatte, nicht besser, als mit dem Aeußeren aus, so war von ihm nicht viel zu erwarten.«*[39]

Bereits jetzt wird ganz Leipzig zu einem einzigen Lazarett. Immer wieder werden Verwundete von den Scharmützeln und Gefechten in der Umgebung in die Stadt gebracht, der Platz reicht längst nicht mehr aus. Für etliche 1 000 Taler der Stadt wird bei Pfaffendorf ein neues Lazarettgebäude errichtet. Nach Schätzungen muss die Stadt allein für den Unterhalt der zahlreichen Krankenhäuser täglich 130 000 Taler aufwenden. Der 24-jährige Leipziger Arzt Carl Gustav Carus wird mit der Einrichtung und Leitung des neuen Militärhospitals beauftragt. Von ihm erfahren wir:

Wilhelm Bässler, Schlacht bei Bautzen, kolorierte Lithografie, Dresden, um 1830

»Die Krankensäle füllten sich rasch, und ich hatte täglich gegen zweihundert Kranke zu sehen. Dabei waren die weiteren Einrichtungen mir ganz überlassen. … Den größten Teil des Vormittags brachte ich so in meinem Spital zu und hatte oftmals auch nachmittags wiederholten Besuch dort zu geben; außerdem versahen ein paar beigegebene Unterärzte den Dienst, und bald fehlte es auch nicht, daß diese gewechselt werden mussten, indem sie Typhus bekamen und der eine starb. Glücklicherweise herrschten anfangs bei den neuen Räumen und der noch nicht zu überhäuften Zahl der Kranken bösartige Fieber nicht mit zu großer Heftigkeit, indes verloren wir doch immer viele Leute … Später mußte ich noch eine neue Abteilung einrichten, in welcher kranke und verwundete russische Gefangene untergebracht wurden, und nach der Schlacht von Dresden namentlich häuften sich die Leidenden in allen Abtheilungen so sehr, daß der Magistrat genötigt wurde, in größter Eile hinter Pfaffendorf noch ein eigenes weites Gebäude aufführen zu lassen, worin nun ein Spital, bloß von französischen Ärzten verwaltet, eingerichtet wurde.«[40]

Am 20. und 21. Mai folgt der zweite Donnerschlag des Frühjahrs. Napoleon führt seine Truppen bei Bautzen in die Schlacht und besiegt die russisch-preußische Armee, die sich in die Lausitz zurückgezogen hatte, erneut. Beide Seiten erleiden nicht nur hohe Verluste, sondern müssen erkennen, dass ihre frisch ausgehobenen Truppen noch nicht voll einsatzfähig sind. Sie bedürfen dringend der Ruhe.

Christian Gottfried Heinrich Geißler, Die Kosaken in Leipzig 1813, kolorierte Radierung, um 1813

Ruhe vor dem Sturm

1813. Waffenstillstand

Am 4. Juni 1813 wird zwischen dem Abgesandten Napoleons, dem Grafen Armand Augustin Louis de Caulaincourt, dem russischen General Pawel Andrejewitsch Schuwalow und dem preußischen General Friedrich von Kleist im schlesischen Pläswitz ein Waffenstillstandsvertrag geschlossen, der nach einer späteren vierwöchigen Verlängerung bis zum 11. August 1813 Bestand hat. Die plötzliche Waffenruhe stößt in den Reihen der Verbündeten nicht durchweg auf Zustimmung. Viele glauben sich durch die Politik um einen fast sicheren Sieg betrogen. Der österreichische Beobachter vom 11. Juli 1813 vermeldet dazu:

»Je mehr sich die russischen Truppen Leipzig näherten, und hörten, wie viel man dort an baarem Geldern und Kriegssachen den Franzosen hätte abnehmen können, desto höher stieg ihre Unzufriedenheit mit dem Waffenstillstand. Mehrere knirschten mit den Zähnen, daß sie so viele Meilen umsonst marschirt waren, zwei Stunden zugesehen hatten, und nicht einmal einen Schuß thun durften. Nach vierstündigem Ausruhen kehrte das russische Corps nach Dessau zurück. Reisende geben die Zahl der Wagen, auf welchen die russische Infanterie vor Leipzig gefahren war, auf nahe an 800 an. Bei jedem Wagen waren zwei Bauernknechte, die sich mit Rangnen und Weghacken bewaffnet hatten, um Leipzig erobern zu helfen, weil ihnen die Russen einen Theil der Beute versprochen hatten.«

Für Leipzig dürfte angesichts eines derart beutegierigen Haufens der Waffenstillstand als Glück zu betrachten sein. Es sind rund 8 000 Mann, hauptsächlich Kosaken, aber auch Preußen und Truppen des Lützower Freikorps, unter den Generalen Fürst Michail Semjonowitsch Woronzow und Alexander Iwanowitsch Tschernitschew, die sich auf einen Überfall auf Leipzig vorbereitet hatten. Als am 7. Juni, dem zweiten Pfingstfeiertag, die Nachricht von der Annäherung der Kosakenmassen in Leipzig eintrifft, sorgt sie unter den sich im tiefsten Frieden wähnenden Franzosen für Konfusion. Unterdessen ist es schon bei Schönefeld und Taucha zu ersten Kampfhandlungen gekommen. Es bedarf einiger Anstrengungen des Leipziger Stadtkommandanten, die Russen vom abgeschlossenen Waffenstillstand zu überzeugen. Enttäuscht machen diese kehrt, nicht ohne zuvor die bei den vorangegangenen Scharmützeln von den Franzosen erbeuteten Gegenstände der ansässigen Land-

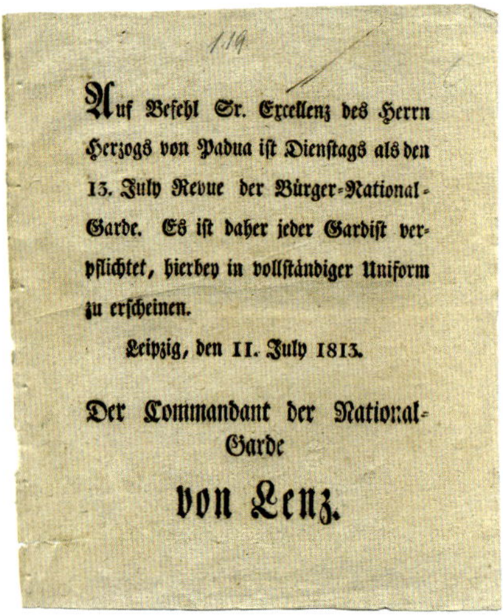

Auf Befehl Sr. Excellenz des Herrn Herzogs von Padua ist Dienstags als den 13. July Revue der Bürger-National-Garde. Es ist daher jeder Gardist verpflichtet, hierbey in vollständiger Uniform zu erscheinen.

Leipzig, den 11. July 1813.

Der Commandant der National-Garde

von Lenz.

Leipzig am 4 August 1813

Richter & Gelbke

Links: Leipziger Maueranschlag zur Bildung einer Bürger-National-Garde, Leipzig, 11. Juli 1813
Rechts: Bestätigung der Unabkömmlichkeit zum Militärdienst durch das Leipziger Handelshaus Richter & Gelbke für den Angestellten Johann Carl Scheube, Leipzig, 4. August 1813

bevölkerung zum Kauf anzubieten. Bei Preisen von 20 Kreuzern für ein Paar Pistolen oder einem Taler für ein Reitpferd greifen die auch begeistert zu. Die vermeintlichen Schnäppchen erweisen sich bald als Verlustgeschäft. Die Franzosen kassieren die kosakische Kriegsbeute wieder ein. Unentgeltlich.

Die Bestimmungen des Waffenstillstandsvertrages legen fest, dass sich beide Seiten hinter eine festgelegte Demarkationslinie zurückzuziehen haben. Nicht alle Truppen halten sich an die Abmachung. Das preußische Freikorps des Majors von Lützow hält sich am 17. Juni entgegen der Festlegungen immer noch im nun von den Franzosen kontrollierten Gebiet um Kitzen auf. Der Leipziger Gouverneur Arrighi lehnt ein Ersuchen Lützows, das Korps auf die preußische Seite ziehen zu lassen, ab. Französische und württembergische Truppen greifen die Schwarzen an und zersprengen sie. Zahlreiche Lützower werden gefangen genommen. Theodor Körner wird durch einen Säbelhieb schwer verletzt, von mitfühlenden Menschen im Wald gefunden und unter dem Siegel der Verschwiegenheit zu einem Leipziger Arzt geschafft. Der Schlag gegen das später als Avantgarde des deutschen Nationalgedankens völlig unmaßstäblich umjubelte Korps wird in der Geschichtsschreibung meist als feiger Überfall französischer und württembergischer Truppen geschildert. Meist kommen nur ehemalige Angehörige der Lützower zu Wort. Wir lassen uns die Ereignisse vom württembergischen Offizier Christian von Martens schildern:

»Heute Morgen war ich gerade im Begriff, den mir vom Gasthof auf die Wache gesandten Kaffee in aller Ruhe zu genießen, als große Bewegung ent-

Christian Gottfried Heinrich Geißler,
Leipziger Bürger-National-Gardist,
Fotografie nach einem Kupferstich, um 1813

stand; Herzog Arrighi erschien mit General Fournier zu Pferde, es wurde Sammlung geschlagen, und von den in Bälde angetretenen Truppen wurden von uns 2 Reiterregimenter …, 3 Compagnien und 2 Geschütze, von den Franzosen 200 Dragoner und ein geschlossenes Bataillon herausgezogen und behufs eines Streifzuges gegen die Freischaar des Majors v. Lützow, die sich trotz des Waffenstillstandes in unserem Rücken herumtrieb, unter das Commando des Generals Fournier gestellt, wobei über die württembergische Abtheilung General Graf Normann den Befehl erhielt. … Morgens um 8 Uhr marschirten wir ab, bei Lindenau verließen wir links die Landstraße und marschierten so geräuschlos als möglich durch mehrere Gehölze und kleine Ortschaften …«

Bei Lützen wird eine Rast eingelegt, während die Kavallerie die Suche nach dem Korps Lützows fortsetzte und bald feststellte,

»daß das Lützowsche Corps, welches sich durch seine Bivouacfeuer verrieth, in einem Wäldchen bei dem Dorfe Kitzen unweit Groß-Görschen im Lager sich befinde. … Um 9 Uhr Abends sahen wir schon den zwischen den Bäumen aufsteigenden Rauch der sorglos daselbst gelagerten Lützow'schen Schaar, die neben benanntem Dorfe ein offnes, mit hoher Frucht bewachsenes Feld gewählt hatte. Unsere Infanterie entwickelte sich in aller Stille am Rande des Waldes, während zu beiden Flanken die Reiterei hervorbrach, es war ein förmliches Treibjagen der auf solche Weise überraschten Freischaar. … 10 Offiziere und gegen 100 Jäger wurden zu Gefangenen gemacht … Dieser von uns ausgeführte Gewaltstreich hat freilich viel Aufsehen erregt und die Preußen in der Folge gegen uns sehr erbittert … Ebensowenig wie Major von Lützow bekümmerte sich auch Tschernitschef [der Führer eines Streifkorps] *um den geschlossenen Waffenstillstand, dieser nahm heute bei Taucha 18 Offiziere mit 550 Mann gefangen. Es gehört nicht viel Tapferkeit dazu, Truppen zu überfallen, die sich auf Treu und Glauben der geschlossenen Uebereinkunft verlassen haben, und verräth einen sehr geringen Grad von militärischem Takt.«*[41]

Die gefangenen Kämpfer des Freikorps werden auf der Leipziger Pleißenburg inhaftiert.

Nicht nur für die Lützower ist jener 17. Juni 1813 ein schwarzer Tag. Seiner prekären Situation durch das den Bestimmungen des Waffenstillstandes zuwiderlaufende Verharren auf sächsischem Territorium völlig bewusst, hat Major von Lützow noch am 17. Juni einen Parlamentär zum höchsten französischen Militär der Gegend, dem Gouverneur Arrighi in Leipzig, entsandt. Als der Lützower unter weißer Flagge vor dem Hause Arrighis am Rossplatz eintrifft, tönen ihm aus den Reihen der dort befindlichen Leipziger etliche Hurra-Rufe entgegen, während die französischen Wachen vor dem Haus offensichtlich mit einigen unfreundlichen Äußerungen bedacht werden. Für eine verbündete Stadt war das in den Augen der Franzosen natürlich unerhört. Auch wenn sich die Tagespresse beeilt, das Vorkommnis »bekannten und verächtlichen Menschen aus der Vorstadt« anzulasten. Der Kaiser persönlich erhält von dem Vorfall Kenntnis, ist verstimmt und fordert geeignete Gegenmaßnahmen. Von den am Vorfall unmittelbar Beteiligten werden einer zum Festungsbau, zwei zu Zuchthaus- und 14 zu Gefängnisstrafen verurteilt. Am 24. Juni 1813 wird zudem auf Befehl des französischen Stadtkommandanten Arrighi in Leipzig eine Bürger-National-Garde aufgestellt. Innerhalb von acht Tagen sollen 2 000 Mann in 16 Kompanien zur Verfügung stehen. Bei kaum 35 000 Einwohnern eine absurde Anzahl. Obwohl die viel zu hohe Zahl dann später auf 1 200 Mann reduziert wird, kann eine Garde in diesen Dimensionen nicht aufgebaut werden. Gleichzeitig wird verfügt, dass die Leipziger sämtliche Waffen bei Todesstrafe abzugeben haben. Kommandant der Leipziger Bürgergarde wird der Major im Infanterieregiment von Rechten, Johann Ludwig von Lenz.

1827 veröffentlicht ein Leipziger unter dem Pseudonym Friedlieb Degenknopf einen launigen Bericht über seine im Sommer 1813 gemachten Erfahrungen als Feldwebel der Leipziger Bürger-National-Garde. Diese, so der Autor, habe es nicht vermocht, Ruhe und Ordnung in der Stadt aufrechtzuerhalten – trotz ihres militärischen Gebarens. In seinem Bericht nennt er die Stadt zwar nicht direkt, aber dass sich hinter der »Lerchenstadt« Leipzig verbirgt, muss jedem Leser klar sein. Mit dem Abstand von fast 15 Jahren scheint ihm allerdings auch daran gelegen zu sein, die Überlieferung seiner Erlebnisse mit seinem Talent als geistreicher Unterhalter zu verbinden.[42] Welcher Art diese von Napoleon geforderte Garde zur Aufrechterhaltung der Ordnung in der Stadt ist, beschreibt der Autor so:

»Die Offiziere, so wie die Gardisten des Corps, bestanden aus Gelehrten, Kaufleuten, Künstlern, Gastwirten, Professionisten aller Gattungen, Lotteriecollecteuren (die bei den Zusammenkünften der Kompagnien gute Geschäfte

machten) Heirathsstiftern; kurz aus allen Klassen der Staatsbürger; weshalb es vor dem Antreten der Kompagnien auf dem Sammelplatze der gesamten Garden immer, wie auf einer Börse war.«[43]

…

»Nachdem die Kompagnie – bei der es freilich auch viele widerspenstige Konscribirte gab, unter lobenswerthen Anstrengungen dahin gediehen war, daß die Masse derselben begriff, was Parade-, Ordinär-, Geschwind- und Sturmschritt sei, und nachdem die Zug- oder Pelotonführer bei Märschen und Schwenkungen sich der bei Militär gebräuchlichen Kommandowörter bedienen konnten, machte sie schnelle Fortschritte …, die sich aber leider immer nur auf den Fußdienst (im eigentlichen Sinne des Wortes) beschränkte … Da wir keine Obergewehre bekommen sollten (worüber die Gardisten keines Falls murrten): so wurden aus den Pallaschen am Ende leichte Reisesäbel; wir stellten also, streng genommen, eine Cavallerie-Garde zu Fuß dar.«[44]

Derart ausgerüstet und einexerziert, versieht die Garde des Herrn Degenknopf ihren täglichen Wachdienst, der ihnen hauptsächlich in den späten Abendstunden Kontrollrunden durch die Stadt abverlangt.

Das Wiegenfest Napoleons, der 15. August, wird in der Regel im gesamten Empire öffentlich gefeiert. Da der Geburtstag im Jahre 1813 bereits in die Zeit der Wiederaufnahme der Kämpfe nach dem Waffenstillstand fällt, wird er in Leipzig in jenem Jahr schon am 10. August gefeiert. Nach einem feierlichen »Te Deum« in der Schlosskapelle begibt sich die Gesellschaft aus sächsischen und französischen Honoratioren durch das Spalier der Bürgergarde zum Ranstädter Tor und anschließend nach Gohlis, wo Arrighis 3. Kavalleriekorps unter freiem Himmel, die besseren Festgäste im Gohliser Schlösschen feiern.

Auch die Kompanie des Herrn Degenknopf bildet Spalier:

»Nachdem der Zug die Kirche wieder verließ, und nachdem er unsere Reihe passirt war, kommandierte man von jeder Kompagnie einige Unteroffiziere, so wie eine Anzahl Gardisten zur Theilnahme an einem prächtigen Mittagsmahle, das die Stadt den französischen Besatzungstruppen auf einer, unfern Lerchenstadt gelegenen Wiese veranstaltet hatte … An den wohl besetzten Tafeln, … um welche herum die rauschendste Musik ertönte, ging es ziemlich lustig her. Aber die Bürger-National-Gardisten schienen sich dabei nicht sonderlich zu unterhalten; sie schienen mir Fröhnern zu gleichen, in deren Zügen man so oft liest: ›Ach möchte es uns doch bald gelingen, von diesem Dienste loszukommen!‹ … Nach aufgehob'ner Tafel ward getanzt, wobei denn freilich Mangel an Damen war. Manche, von Dragonern, Kürassieren

Christian Gottfried Heinrich Geißler, Französische Infanterie treibt Vieh von Paunsdorf nach Leipzig, kolorierte Radierung, um 1813

oder dergleichen Herren als Damen engagierte Bürger-National-Gardisten schienen dabei sich auch nicht recht ihren Tänzern anpassen zu wollen, und wenn der letzte Ton eines Walzers oder anderen Tanzes verhallte, sah man ihnen die Freude an, die sie darüber empfanden.«[45]

Ungeachtet aller Feiertagsfreude bleibt Leipzig schon jetzt von der traurigen Realität der kriegerischen Ereignisse nicht verschont.

Bereits vor der Schlacht im Oktober ist Leipzig Standort eines französischen Hauptlazaretts. Zahlreiche Verwundete aus den ersten großen Schlachten und Gefechten des Herbstfeldzuges werden nach Leipzig gebracht. Bereits aus jenen Tagen berichtet der Leipziger Schriftsteller Johann Friedrich Rochlitz, dessen tagebuchartige Aufzeichnungen zu den wichtigsten Erlebnisberichten dieser Zeit zählen. Rochlitz, neben Schiller, E. T. A. Hoffmann und Carl Maria von Weber auch mit Goethe befreundet, erntet von diesem mehrfach respektvolle Anerkennung ob seiner authentisch wirkenden Beschreibungen jener Tage jenseits der offiziellen Heeresberichte. Am 25. September 1813 schildert er die aktuelle Situation in Leipzig so:

»Unser neues Lazarett vor der Stadt, für etwa 3 000 solche Kranke erbaut, die an ansteckenden Krankheiten leiden, kann nicht in Gebrauch genommen werden, weil auf der gesperrten Straße an Böhmen die auswärts bestellten Fenster nicht ankommen. Es sind die Gelder dahingegangen, die Kranken aber geblieben. … Die Einquartierung in der Stadt und in meinem Land-

hause vermehrt sich täglich, wie das auch nicht anders sein kann. Ich habe dort seit einiger Zeit durchschnittlich über 30 Mann zu unterhalten. Bei den jetzigen Preisen der Lebensmittel zahle ich für jeden täglich 20 Groschen. Während der noch nicht vollen 9 Monate dieses Jahres hat das Haus meiner Frau mich allein über 3 000 Taler gekostet. Allem Anschein nach muß das bald noch um vieles höher steigen. Fast alle Kirchen sind zu militärischen Bedürfnissen weggenommen worden; wir haben nur noch eine – zum Glück ist das unsere schöne Niklaskirche. In Dresden – ich meine in der Stadt auf den Straßen – soll es noch viel schlimmer aussehen als bei uns. Indes wer weiß, was uns noch zukommt!«[46]

Den zunächst unmittelbarsten Kontakt mit den militärischen Ereignissen des Frühjahrs- und des Herbstfeldzuges 1813 haben die Leipziger und die Einwohner der umliegenden Dörfer durch Einquartierungen. War es im 18. Jahrhundert bei den europäischen Armeen noch üblich, zur Unterbringung der auf dem Marsch befindlichen Truppen Zelte als Unterkünfte mitzuführen und die Soldaten durch mitgeführte Nahrungsmittel zu verpflegen beziehungsweise solche aus zuvor angelegten Depots und Magazinen herbeizuschaffen, hat sich gerade in den napoleonischen Kriegen rasch eine andere Praxis etabliert. Um die einzelnen Truppenkörper möglichst beweglich zu halten und bessere Marschleistungen zu erzielen, wird der mitgeführte Tross auf ein Minimum reduziert. Die Märsche im eigenen Land oder in denen verbündeter Mächte werden so eingerichtet, dass man des Abends nach Möglichkeit eine Stadt erreicht. Hier existiert ein sogenanntes Quartieramt. Durch früher getroffene Festlegungen gibt es exakte Aufstellungen darüber, über wie viele Häuser die jeweilige Stadt oder das Dorf verfügt. Je nach Größe ist jeder Hausbesitzer verpflichtet, eine bestimmte Anzahl an Soldaten als »Gäste« aufzunehmen.

Dass die Arbeit des Leipziger Quartieramtes nicht überall auf Zustimmung stößt, lässt nachfolgendes Gelegenheitsgedicht eines erbosten Leipzigers aus dem Jahre 1812 erahnen:

»Ein Wort zu seiner Zeit

Das Billetuer Amt ist in Leipzig schlecht bestellt,
Verwirrter findet man's nicht an keinem Ort der Welt.
Unbärt'ge Buben hat der Rath dazu erwählt,
durch deren Dummheit nun, die Stadt so wird gequält.
Betrüger sitzen da, und saugen Bürger aus,
Dem Armen nur, schickt man Soldaten in das Haus.
O, schrecklich ist es doch, wenn Dummheit kann regieren,

und wenn der Bürger Noth, den Rath selbst nicht kann rühren,
Betrüg daher ohn' Scheu, ihn, der dir hat geborgt,
Und handle noch so schlecht, beim Rath wirst du versorgt.
Exempli garatia, ein Pätzold, Rößler, Schleif,
Ein Voigt und andre mehr … längst zum Galgen
Die Schurken wissen wohl, die Bürger zu betrügen
Für Geld kann man Billets bey den Verworfnen kriegen.
Ein Beispiel ist schon da, fragt nur bey Schwaben an,
Er wohnt im goldnen Horn, der euch erzählen kann;
daß arme Bürger nur Soldaten mussten nehmen
weil sich ein … nicht zu Zahlung will bequemen,
So geht es zu, und doch erhältst du hier kein Recht
Denn all die Schurken sind von oben bis unten schlecht.
Im Juny anno 1812«

Ob »Pätzold, Rößler, Schleif und Voigt« tatsächlich an den Galgen gehört hätten, lässt sich aus unserer Sicht kaum beurteilen. Deutlich aber wird, dass die Praxis der Einquartierungen zu allerhand Unmut und Ärger bei den meist nicht freiwilligen Herbergseltern führt.

Diese haben die ungebetenen Gäste auch nach exakten Vorgaben von Menge und Art zu verpflegen. Die Soldaten erhalten für ihren Quartierwirt eine Bescheinigung, die die Anzahl der aufzunehmenden Soldaten und die Dauer des Aufenthaltes ausweist. Nach dem Abmarsch der Truppen erhält der Quartierwirt gegen Vorlage des Quartierscheins seine Auslagen in vorher festgelegter Höhe erstattet. Ist diese Summe wegen inzwischen etwa gestiegener Lebensmittelpreise nicht ausreichend, hat der Wirt durch den Aufenthalt der »Gäste« zu den Unannehmlichkeiten auch noch Kosten zu tragen. Ist er in der Lage, preiswerter zu wirtschaften, kann mancher Quartiergeber sogar noch einen bescheidenen Gewinn erzielen. Landpfarrer Ludwig Wilhelm Gottlob Schlosser berichtet: *»Die Bauern lassen sich aber für einen oder zwei Thaler* [an erbrachten Leistungen] *über 20, 30 und mehr Mann mehr quittieren, als da gewesen sind, damit sie, bei etwaiger Kriegsrechnung auf viel Entschädigung Anspruch machen können.«*

Die Stadt oder das Dorf verrechnen die verauslagten Kosten dann wiederum mit der Kreisbehörde, die mitunter die Kosten beim Träger des jeweiligen Heeres geltend machen kann. Soweit zumindest die Theorie, die in Friedenszeiten und Perioden durchschnittlicher kriegerischer Ereignisse einigermaßen funktioniert haben dürfte.

Zum Verfahren der Verköstigung fremder Truppen lässt uns ein unbekannter Leipziger schon 1807 im Zusammenhang mit einem in der Stadt liegenden Regiment wissen:

Heinrich Cotta, Französische Kürassiere bei der Rast, Aquarell über Kreide und Bleistift, um 1820

> *»Ingleichen wurden auch in Hinsicht ihrer die Lasten der Einquartierung dadurch nicht wenig erleichtert, daß jeder Bürger und Bewohner Leipzigs, bey dem dergleichen Mannschaft lag, für jeden einzelnen Mann durch den Magistrat wöchentlich 14 Pfd. Brod und 10 Gr. 6 Pf. baares Geld in Empfang zu nehmen hatte. Auf die allerunterthänigste Bitte des Magistrats, hatten nämlich Ihro Majestät der König von Sachsen befohlen, daß zur Verpflegung des besagten Regiments, von dem Leipziger Kreis täglich 1 800 Pfd. Mehl u. wöchentlich 500 Thlr. baares Geld geliefert werden mussten. Da aber diese Beyträge nicht hinreichten, so schoß der Magistrat mehr als noch einmal so viel an Mehl und Gelde täglich und wöchentlich vor, welches gewiß sehr zu schätzen war. Es wurden zu dem Ende in diesen Tagen auf dem sogenannten Naschmarkte 2 Buden errichtet, woselbst der obgedachte Zuschuß ausgegeben wurde.«*[47]

Dieses Verfahren kommt grundsätzlich auch noch bis zu den Tagen der Völkerschlacht zur Anwendung. Auch die Auslagen für die, per Erlass vorgegebenen, Verpflegungsportionen für gegnerische Truppen werden theoretisch durch die Kreisbehörde erstattet.

Dass in den Tagen der Völkerschlacht, als buchstäblich Hunderttausende Soldaten auf dem Weg nach Leipzig waren, das kunstvoll erdachte System zunehmend weniger funktioniert, dürfte einleuchten. Gehören die Quartiergäste von einem Tage auf den anderen zu den Besiegten, wird das Eintreiben von Forderungen nahezu unmöglich. Liegen die Quartiere im Land des Gegners beziehungsweise des Besiegten, wird sich in der Regel um die Fragen einer Entschädigung ohnehin kaum gekümmert. Mit völlig planlosen Plünderungen sollte man dies dennoch nicht gleichsetzen. Natürlich hat es das in den Tagen während und nach der Schlacht allerorten auch gegeben.

Ludwig Wolf, Treffen der drei verbündeten Monarchen bei Prag, Aquatinta, um 1814

Marodierende Soldaten sind den Heerführern aller europäischen Nationen allerdings verhasst. Plünderungen bedeuten Disziplinlosigkeit und sind eine ernste Gefahr für die Schlagkraft eines Heeres. Je größer die zu beaufsichtigenden Truppenmassen aber sind, desto schwerer wird es, in diesem Punkte die Disziplin aufrechtzuerhalten.

Nachteile hat der Verzicht auf den Aufbau militärischer Zeltstädte allerdings auch für die Soldaten. Ist keine geeignete Ortschaft in der Nähe oder die Truppenmasse zu groß, bleibt als Nachtlager einzig der kahle Boden übrig. Tausende Soldaten nächtigen vor und nach der Schlacht mangels geeigneter Quartiere auf freiem Felde. Ein aus Zweigen errichteter Windschutz und, falls vorhanden, ein Mantel bieten nur unzureichenden Schutz vor den kalten Oktobernächten. Daniel Lässig, Bauerngutsbesitzer in Göhren, berichtet dazu über den Aufbau von vergleichsweise aufwendigen provisorischen Unterkünften:

»Am Montage vor der Schlacht bei Leipzig gegen 9 Uhr rückten die Franzosen in unser Dorf Göhren ein. Einer der Offiziere kam an mein Thor geritten und fragte, ob ich kein Stroh zum Baraquenbauen hätte, sonst würden sie genöthigt sein, Getreide dazu zu nehmen. Als ich ihm statt dessen Dachscho-

ben, die ich zufällig vorräthig hatte, anbot, war er nach deren Besichtigung sehr wohl damit zufrieden, nöthigte mich aber dieselben nebst mehreren anderen Lagerbedürfnissen, als Stangen, Hafer und Heu, zu zweien Malen mit meinen Ochsen in das nach Güldengossa und Störmthal, rechts vom Wachberge errichtete Lager zu fahren.«[48]

Dass derartiges Lagern im Freien nicht nur nach unserer heutigen Vorstellung äußerst ungemütlich, sondern auch der Gesundheit nicht zuträglich ist, lässt sich leicht denken. Während der mehrmonatigen französischen Belagerung von Danzig im Jahre 1807 hatte man erstmals ein eigenes Krankheitsbild unter den im freien Feld nächtigenden Belagerern konstatiert: die Bivouac- oder Feldlagerkrankheit. Ein badischer Generalstabsarzt skizziert das auch während der Tage der Leipziger Schlacht häufig auftauchende Krankheitsbild:

»Die Krankheit charakterisiert sich durch ein blasses, erdfahles, schmutziges Ansehen, einen kläglichen, Mitleid erregenden Blick der tief in ihren Höhlen liegenden, halb erstorbenen Augen, hohle Wangen, weit hervorstehende Jochbeine, heisere oft unverständliche Sprache, raue, trockene, pergamentartige Beschaffenheit des Hautorgans, wankenden Gang mit zitternden Knien, aashaften Geruch, besonders beim Lüften der über das wandernde Gerippe herabhängenden Kleidung, colliquativen Durchfall, – allgemeinen Collapsus der Kräfte und des ganzen Körpers.«[49]

Bereits in den Monaten August und September sterben in den Leipziger Lazaretten täglich rund 50 Kranke, in der ersten Oktoberwoche hat die Sterblichkeit bereits mehr als 90 Kranke je Tag erreicht.[50]

Einen Eindruck von den Begleitumständen der unzähligen Einquartierungen, deren Last in den Dörfern noch durch schier endlose Forderungen nach Lieferung von Getreide, Pferdefutter und sonstigen Gütern erschwert wird, liefert wiederum Ludwig Hußell. Am Beispiel Eutritzschs schildert er, wie die zum großen Teil aus jungen, unerfahrenen Soldaten bestehende französische Armee des Herbstes 1813 in den Dörfern um Leipzig haust:

»Dort sahe man die Plünderung in ihrer ganzen Scheußlichkeit. Nirgends war ein Laden, eine Thür, Planke oder Gartenzaun verschont geblieben. Man konnte fast von einem Ende des Dorfes bis zum anderen durch die sonst sorgfältig abgesonderten Gärten gehen, ohne Hinderniß oder die Spuren eines Gartens zu finden. Pflanzen, Früchte und Obstbäume waren niedergetreten, mit Stroh und anderen Gegenständen des Ekels bedeckt, niedergehauen, und halb verbrannt. Da war kein Haus, kein Bauerngut, in welches man nicht zu allen Seiten ein- und ausgehen konnte. Das Thierreich schien hier ganz aus-

gestorben zu sein. Federn, Knochen, Blut und Wänste, welche jeden Platz im Freyen bedeckten, verkündigten dem Wanderer, welches Schicksal über dasselbe gekommen war. Das junge Federvieh lag zum Theil halb gerupft oder zertreten, weil man es hatte nicht genießen können, noch herum. Wenig hatte der arme Landmann übrig behalten. Schränke, Kisten und Truhen hatte man erbrochen, Wäsche und Kleider in der Geschwindigkeit getheilt, und unbrauchbare Kleinigkeiten auf das Feld geworfen. Traurig schlichen die Geplünderten unter den Trümmern ihres Eigenthums herum. … Vor dem äußersten hallischen Thore befindet sich ein großer Platz, wo die Rahmen aufgestellt werden, in welchen das Wachstuch für mehrere hiesige Fabriken eingespannt und bearbeitet wird. Der Werth dieser Rahmen und der Wachstücher beläufe sich auf viel 100 Thlr., aber wären es Millionen gewesen, so hätten die Soldaten darnach nicht gefragt. man hatte sie in kurzem weggeschleppt, die Rahmen theils verbrannt, theils aus den Wachstuchwänden Hütten gebaut.«[51]

Auch unmittelbar vor der Stadt sieht es nicht besser aus:

»Auf der Dresdner Chaussee bis nach Reudnitz lagerte im Bivouak vom Thore ab ein französisches Corps auf der linken Seite. Dasselbe Hatte sich in größte Schnelligkeit eingegraben, mit Aufopferung der Pappelallee Hütten gebaut und möglichst bequem eingerichtet.«[52]

Dennoch erkennen Findige Möglichkeiten, auch aus der misslichen Situation einer vom Kriege bedrohten Stadt Gewinn zu ziehen. Der bekannte Verleger Friedrich Hofmeister erinnert sich:

»In der Folge der Dresdner Schlacht im August 1813, kamen eine große Anzahl östreichischer Gefangener nach Leipzig, welche in die damals noch uncultivierte Sandgrube getrieben und durch französische Wachen umstellt wurden. Kaum hatte ich, von Mitleiden geführt, den Unglücklichen mich gezeigt, als eine große Anzahl mich flehentlich bat, ihnen Anticipationsscheine abzuwechseln, ein Papier, welches gar keinen Cours hatte. Ich wechselte ohngefähr zweitausend Gulden ein, indem ich 6 gGr. für den Gulden zahlte. Meine Mitbürger, Zeugen dieses Geschäfts, lachten mich aus, weil ich 500 Thaler an ein werthloses Papier verwendete. Indessen, nach der Besetzung von Frankfurt a. M. Seitens der Alliierten wurde ein Zwangscours von 10 2/3 gGr. festgesetzt, zu welchem Preis ich die Scheine wieder abgab.«[53]

Im August 1813 schöpfen jene, denen tatsächlich an einem Frieden gelegen ist, nochmals Hoffnung. Allein, die Monarchen und Politiker der verfeindeten Nationen gehören wohl nicht dazu. Österreich erklärt sich bereit, als

Die Dresdner Brücke nach der am 19. März 1813 erfolgten Sprengung, gezeichnet im Augenblick der Ankunft des Russisch. Parlementairs, kolorierte Radierung, 1813

Vermittler eines Friedens zwischen Napoleon und Russland / Preußen aufzutreten. Der wohl von beiden Seiten sehr halbherzige Versuch einer Verständigung verläuft kurios. Während Napoleon zumindest hohe Beamte des Reiches nach Prag entsendet, sind die übrigen Verhandlungspartner, sieht man von Metternich ab, nur durch die zweite Garnitur der Diplomatie vertreten. Eigenartigerweise besteht man seitens der Verbündeten und Österreichs darauf, kein direktes Zusammentreffen der Gesandten zuzulassen, sondern sämtliche Verhandlungen nur schriftlich über den österreichischen Vertreter laufen zu lassen. Der wendige österreichische Staatskanzler Metternich weiß, Zeit zu schinden und die Sache im Sande verlaufen zu lassen. Man will nicht wirklich über den Frieden sprechen. Während die Zeit verstreicht, bilden der Fortbestand des Rheinbundes, das Herzogtum Warschau, Illyrien, die Hansestädte oder Holland die Reibungsflächen, an denen sich der Streit entzündet. Da es allerdings keinerlei Treffen gibt und die Zeit bis zum Ablauf des Waffenstillstandes mit fruchtlosen Debatten über Formalitäten verstreicht, kommt es nicht einmal zum wirklichen Disput. Als Napoleon sogar zu recht weitreichenden Zugeständnissen bereit ist, ist der 10. August heran, der Waffenstillstand abgelaufen, die Gegner bedauern, man beendet die Scharade, der Krieg wird fortgesetzt.

Herbst

1813. Beginn des Feldzugs

Bereits also lange vor der Schlacht vor der eigenen Haustür lernen die Leipziger die unangenehmen Seiten militärischer Operationen für den einfachen Bürger kennen. Das verschärft sich mit der Wiederaufnahme der Kampfhandlungen nach Ablauf des Waffenstillstandes noch einmal dramatisch. Napoleon und seine Gegner haben die Kampfpause des Sommers gut genutzt. Beide Seiten haben ihre eilends neu zusammengestellten Truppen straffer organisiert, die Ausrüstung verbessert und gedrillt. Frankreich hat insbesondere seine aus dem Boden gestampfte neue Kavallerie mit Pferden versorgt und eingeübt. Russland und Preußen haben nun Verstärkung erhalten. Schweden – an der Spitze der jetzt als Thronfolger nominierte ehemalige französische Marschall Karl Johann Bernadotte – und Österreich sind jetzt dem Bündnis gegen Napoleon definitiv beigetreten. England unterstützt die Verbündeten mit riesigen Geldsummen und der Lieferung von Ausrüstung, Waffen und sonstigem Kriegsgerät. Oberkommandierender der verbündeten Armee wird auf ausdrücklichen Wunsch Franz' I. ein Österreicher, der Fürst Karl Philipp zu Schwarzenberg. Der auch in diplomatischen Diensten erfahrene General übernimmt die recht komplizierte Aufgabe, ein hinsichtlich Strukturen, Methoden, sozialer Zusammensetzung und kulturellen Hintergrundes sehr heterogenes Gesamtheer zu führen. Mit zahlreichen Generalen, Adjutanten und Beamten halten sich die drei Monarchen zudem ständig bei der Armee auf und greifen unbekümmert in die Entscheidungen ihrer Feldherren ein. Beide Kaiser behalten sich zudem die letzte Entscheidung, wann und wie ihre eigenen Truppen bei großen Operationen eingesetzt werden, vor. Die zum Teil tiefe Abneigung der Offiziere der einzelnen Truppenkörper gegeneinander tut noch ein Übriges, um die Spannungen zu erhöhen.

Zunächst einigt man sich auf die Bildung von drei separaten Armeen: die Hauptarmee unter Schwarzenberg, die mit ihren österreichisch-russisch-preußischen Truppen von Böhmen aus marschiert, die aus schwedischen, russischen und preußischen Einheiten bestehende Nordarmee unter dem Kommando des schwedischen Kronprinzen Karl Johann im Süden der Mark Brandenburg und die Schlesische Armee, deren russisch-preußische Truppen der aus dem Ruhestand geholte General Blücher kommandiert. Vorgesehen ist, konzentrisch auf Napoleons Hauptmacht zu marschieren, sich erst im Lager des Gegners zu vereinigen und zuvor alle ernsthaften Kämpfe unbedingt zu vermeiden. Man ist vorsichtig und will dem verwundeten Adler

Christian Gottfried Heinrich Geißler, Österreichische, preußische und russische Gefangene werden am 4. September 1813 nach Leipzig gebracht, Radierung, um 1813

Napoleons Übergang über die Elbe bei Meißen am 7. Oktober 1813, Kupferstich, um 1815

keine Möglichkeit lassen, die Einzelarmeen getrennt anzugreifen und zu schlagen, wie er das in der Vergangenheit so oft getan hat. Das Kräfteverhältnis ist zunächst nahezu ausgeglichen. Napoleon hat etwa 450 000 Mann im Felde, die Verbündeten 30 000 mehr. Während die Hauptmasse der napoleonischen Armee um Dresden Aufstellung nimmt, versucht der französische Marschall Oudinot, mit einer kleineren französischen Armee wieder in den Besitz der preußischen Hauptstadt zu kommen. Am 23. August erreichen die Preußen nach einer heftigen Schlacht bei Großbeeren den Rückzug der Truppen, unter ihnen eine sächsische Division, und vernichten vier Tage später bei Hagelberg eine zu Hilfe eilende französische Division fast vollständig.

Karl Philipp Fürst zu Schwarzenberg, kolorierte Radierung, um 1820

Hagelberg wird für die preußische Geschichtsschreibung zum Fanal. Heftige Regenfälle haben Waffen und Munition zum Teil unbrauchbar gemacht. Die Mehrzahl der rund 8 000 beteiligten preußischen Landwehrmänner ist zudem an den Waffen schlecht bis gar nicht ausgebildet. Man schlägt kurzerhand mit dem Gewehrkolben auf die französischen Soldaten ein – *furor teutonicus* in seiner schlimmsten Ausprägung, der dem Vernehmen nach auch nicht vor bereits gefangenen Franzosen haltmacht. Die deutschen Geschichtsschreiber des 19. Jahrhunderts versäumen selten, die Raserei der Landwehrpreußen als gerechten Zorn Geknechteter zu rühmen. Es wird gar von der Kolbenschlacht bei Hagelberg gesprochen. Ein fader Nachgeschmack bleibt. Die Eroberung von Berlin aber scheitert kläglich, was nicht für den weiteren Kriegsverlauf, wohl aber die Moral der Verbündeten wichtig ist. Am 26. August erkämpfen Blüchers Truppen den Übergang über das dadurch berühmt gewordene Flüsschen Katzbach in Niederschlesien gegen eine französische Armee unter Marschall Macdonald. Inzwischen ist auch die Hauptarmee unter Schwarzenberg auf dem Vormarsch. Während Blücher das Vorgehen seiner Truppen erzwingt, erleidet sein Oberkommandierender bei Dresden gegen die von Napoleon persönlich geführte französische Armee eine Niederlage. Doch kann er Napoleon entschlüpfen, dessen Plan, die Hauptarmee einzukesseln, wieder an einem seiner Generale scheitert.

Der in der Schlacht bei Dresden verwundete französische General Moreau, kolorierte Radierung, um 1813

Dominique Joseph Vandamme ergibt sich mit 10 000 Mann am 30. August auf dem Schlachtfeld von Kulm und tritt eine Reise nach Sibirien an. Auch der nochmalige französische Versuch, die preußische Hauptstadt in Besitz zu nehmen, scheitert am 6. September bei Dennewitz endgültig. Inzwischen hat Napoleon in den verschiedenen siegreichen und verlorenen Schlachten und Gefechten des begonnenen Herbstfeldzuges schon 150 000 Mann verloren, die Kräfte der Verbündeten aber nicht entscheidend schwächen können. Diese schließen am 9. September bei Teplitz erst einmal einen förmlichen Bündnisvertrag, der jeder Partei einen Separatfrieden mit Napoleon untersagt und als gemeinsames Kriegsziel festlegt, den französischen Einfluss hinter den Rhein zurückdrängen zu wollen. Am 8. Oktober verlässt dann noch Bayern den Rheinbund, lässt sich aber zuvor von Österreich garantieren, dass seine frühere Partnerschaft mit Napoleon nicht mit Souveränitätsverlusten geahndet wird.

Schließlich hat Blücher das ständige Manövrieren und Verhandeln satt und beschließt, Nägel mit Köpfen zu machen. Er marschiert mit seiner Armee die Elbe abwärts und überquert am 3. Oktober bei Wartenburg die Elbe. Damit zwingt er sowohl die Nordarmee als auch Napoleon zur Aktion. Die französische Hauptarmee wird von Dresden in den Leipziger Raum verlegt. Noch einmal versucht Napoleon, die Armeen der Verbündeten vor deren Vereinigung getrennt zu schlagen. Am 9. Oktober geht sein Schlag gegen Blücher bei Düben ins Leere. Der war in Richtung Halle ausgewichen und stellt am 12. Oktober die Verbindung zur Nordarmee bei Merseburg her, während der Vormarsch der Hauptarmee Schwarzenbergs Joachim Murat, den König von Neapel und Schwager Napoleons, auf Leipzig drängt.

14. Oktober

Reitergefecht bei Liebertwolkwitz

Ernst Wilhelm Straßberger, Schlacht bei Liebertwolkwitz, Öl auf Leinwand, um 1850

Schwarzenberg brütet. Seit Tagen schon weiß man im Hauptquartier der verbündeten Armeen nicht genau, woran man ist. Blücher mit seiner Armee aus Preußen und Russen ist wohl bei Düben, der schwedische Kronprinz bei Radegast und die Masse des französischen Heeres bei Dresden war Richtung Norden aufgebrochen, soweit ist man sich sicher. Seltsamerweise kommt man nicht auf den Gedanken, dass sich Napoleon auf den Weg gemacht hat, Blücher anzugreifen, sondern glaubt ihn auf dem Marsch nach Leipzig. Murats Truppen, so die Annahme, sollen das durch ihre Bewegungen nur verschleiern. Darum soll also nun die Hauptarmee zunächst vorwärts nach Leipzig, dann aber doch mehr in Richtung Saale abschwenken, um Napoleon von Leipzig wegzubewegen. Die Majestäten der hohen verbündeten Mächte haben alle ihre eigenen Stäbe und besonders der Zar ist sehr eigen, was den Einsatz seiner Truppen angeht. Damit verglichen ist der etwas simpel anmutende Preußenkönig ein angenehmer Zeitgenosse. Schwarzenberg ist vorsichtig. Eine Armee ist teuer, und diese, so hatte man aus Wiener Hofkreisen verlauten lassen, habe den Kaiser zu viel gekostet, um sie leichtfertig aufs Spiel zu setzten. Also doch besser ganz sicher gehen.

Was freilich fehlt, ist eine vernünftige Aufklärung. Natürlich sieht man die Kolonne der Marschierenden, die Staubwolken der Kavallerie und der

Geschütze mit den Munitionswagen. Aber ob das einige Hundert, einige Tausend oder einige Zehntausend Soldaten, ganze Armeen gar sind, wer kann das überblicken? Zu nahe heran an den Gegner kommt man nicht, da hat man es rasch mit dessen Kavallerie zu tun und ehe die Ruhe gibt, ist die Infanterie weiter fortgezogen. Wirklich sicher kann man sich nur sein, wenn man den Gegner durch einen ernsten Angriff dazu zwingt, anzuhalten und von der Marschformation in die Schlachtaufstellung zu wechseln. Wenn man schon nicht ganz genau weiß, wo sich die eigenen Truppen aufhalten, wie soll man es dann vom Gegner wissen? Und ob sich die Franzosen weiter zurückziehen würden oder doch für eine große Schlacht bereit waren, das bekam man nur heraus, wenn man sie angriff und sah, was sie taten. Das musste dann aber schon ein größerer Angriff sein, bei dem die Franzosen mehr als nur ein paar Kompanien zur Gegenwehr einsetzen mussten. Erkundungsgefecht hieß das. Murat und seine Truppen sollen das Ziel sein. Er hat sich am 10. Oktober zum Schutz vor den heranrückenden Verbündeten hinter dem Eulabach in Stellung gebracht und sich in der Nacht zum 12. Oktober auf die Gösel zwischen Markkleeberg und Güldengossa zurückgezogen. Schwarzenberg kann sich einfach keinen Reim auf das Treiben machen. Würden sich die Franzosen noch weiter zurückziehen, wenn man gegen sie vorrückte? Würden sie gar Leipzig aufgeben?

Murat scheint entschlossen, die Göselstellung zu halten. Er lässt seine Männer bei Göhren zur Verteidigung Erdwälle, militärisch Schanze genannt, aufwerfen. Die Markkleeberger Einwohner ahnen an jenem 12. Oktober Schlimmes für ihr Dorf. Sie verlassen nahezu geschlossen ihre Häuser und ziehen in den schutzbietenden Wald, das Mühlholz bei Großstädteln, um. Die dortige mächtige Eiche hatte schon den Eltern der meisten Markkleeberger im Siebenjährigen Krieg als Mittelpunkt des zeitweiligen Flüchtlingslagers gedient. So wie sie werden noch viele Dorfgemeinschaften in den kommenden Tagen versuchen, Leben und ein wenig transportablen Besitz durch die Flucht in ein Waldstück zu retten. Große Truppenmassen mit Pferden und Wagen bewegen sich auf den Straßen. Wald und Unterholz bieten die Chance, glimpflich durch das Chaos einer Schlacht zu kommen. Inzwischen erhält Murat Meldungen, dass sich die Verbündeten mit starken Kräften seinen Stellungen nähern. Vom Cröberner Kirchturm aus ist klar zu erkennen, dass die Gegner inzwischen Verstärkung bekommen haben. Nach allem, was man weiß, können das nur die Österreicher sein. Die Lage für Murat scheint brenzlig, und so zieht er sich nochmals drei Kilometer auf die Linie Markkleeberg–Wachau–Liebertwolkwitz zurück. Die große Schanze bei Göhren ist gerade fertiggestellt und wird von ihren Verteidigern schon verlassen, ehe sie einem einzigen Angriff standhalten musste.

Christian Gottfried Heinrich Geißler, Die innere Grimmische Vorstadt in Leipzig am 14. October 1813, als die französischen Blessierten von Liebertwolkwitz hereinkamen, kolorierte Radierung, Leipzig, 1813

Am 13. Oktober hat sich Schwarzenberg endlich entschieden und befiehlt dem Fürsten Wittgenstein, dem Befehlshaber der russischen Truppen bei der Böhmischen Armee, in Richtung Störmthal und Cröbern eine gewaltsame Erkundung durchzuführen. Der Kavalleriegeneral Johann von Klenau soll ihn dabei auf der rechten Seite unterstützen und gegen Steinberg und Köhra vorgehen. Wittgenstein und Klenau rücken vor, langen aber erst bei einbrechender Dunkelheit in Sichtweite der Truppen Murats an. Der Angriff wird aufgeschoben. Man kann zwar den Gegner noch erkennen, aber zum Kämpfen ist es rasch zu dunkel. Erkennen kann auch Murat die anrückenden Truppen, doch geht er gleich vom Schlimmsten aus und glaubt sich der gesamten Böhmischen Armee gegenüber. Für ihn gibt es nur eines: Rückzug. Die Armee ist schon im vollen Aufbruch begriffen, als eine Nachricht vom kaiserlichen Schwager eintrifft. Napoleon hat das Verhalten des Königs von Neapel vorausgeahnt und untersagt ihm das Ausweichen. Die bereits in Bewegung befindlichen Truppen seines Schwagers werden umdirigiert. Zwischen Wachau und Liebertwolkwitz richtet sich Murat erneut ein. Als der Morgen zu dämmern beginnt, ist er bereit: Auf seinem rechten Flügel von Connewitz bis Markkleeberg steht das polnische Korps des Generals Jozef Anton Poniatowski, daran schließt sich bis Wachau ein französisches Korps unter dem Marschall Claude Victor-Perrin an. Den linken Flügel bildet ein weiteres Korps unter dem General Alexandre-Jacques-Bernard Law de Lauriston. Hinter dieser Linie hat

Murat seine Reserven stehen, ein ganzes Korps, dazu noch, gut für ein weiteres Korps, eine Division der Garde und fast 10 000 Reiter, die meisten von ihnen im Spanienkrieg erprobte Truppen, die erst tags zuvor eingetroffen waren. Insgesamt 40 000 Soldaten und mehr als 150 Geschütze.

Am Morgen war Murat bei Wachau die Stufen einer Wendeltreppe am Stamm einer gewaltigen Linde zu einer hölzernen Aussichtsplattform in der Krone des Baumes hinaufgestiegen und hatte die Stellungen seiner Gegner in Augenschein genommen. Bis sie dann ein Blitz treffen sollte, präsentieren die Wachauer voller Stolz den Baum noch lange Jahre als Murat-Linde – als Zeugin jener Schlacht, die mit dem heranbrechenden Morgen des 14. Oktober beginnen sollte. So irrig, wie Napoleons Schwager meint, die gesamte Hauptarmee des Feindes sei gegen ihn angetreten, so abwegig ist die Lageeinschätzung bei Wittgenstein und seinen Leuten. In Murats Truppen glauben sie nur die schwache Nachhut der Franzosen zu erkennen und meinen, sich mit dem Angriff nun plötzlich beeilen zu müssen. Der russische General schickt seine Avantgarde, hauptsächlich Husaren, zum Angriff nach vorn und bald erkennen sie den Irrtum ihres Befehlshabers, als die Angegriffenen statt zu fliehen Front gegen sie machen. Zur Unterstützung greift jetzt noch die preußische Reservekavallerie des Generals von Kleist ein. Immer mehr Reiter werden in den Kampf geworfen. Ein Höhepunkt des Kampfes ist der Versuch Murats, mit einer gewaltigen Kavalleriekolonne von 5 000 französischen Dragonern das Gefecht für sich zu entscheiden.

Die preußische Kavallerie bringt diesen Ansturm nicht nur zum Halten, sondern jagt die Reiter bis nach Wachau zurück, wo französische Infanterie nun wiederum die Preußen zum Umkehren zwingt. Zum Teil sind noch nicht alle Kräfte der Verbündeten angelangt, sodass sie der Reihe ihres Eintreffens nach ungeordnet ins Gefecht geworfen werden. Besonders hartnäckig wird um das Dorf Liebertwolkwitz gestritten, das Klenaus Truppen den Franzosen vorübergehend abnehmen können, ehe es erneut von den Franzosen erobert wird, dabei allerdings in Brand gerät. Über den Angriff auf Liebertwolkwitz berichtet der spätere Chaussee-Einnehmer Karschdorf, der den 14. Oktober als Jugendlicher miterlebte:

> *»Gegen 10 Uhr Vormittags geschahen zwei Kanonenschüsse, worauf Alles in den größten Alarm gerieth. Französische Offiziere, welche sich im Orte selbst einquartiert hatten, konnten ihre Sachen nicht schnell genug auf die Packpferde bringen, um nur so schleunig als möglich zu den Ihrigen zu gelangen. … In dieser großen Noth wussten wir nicht, wohin wir uns wenden sollten, um Schutz zu finden, welchen wir in unseren Häusern nicht mehr fanden, und eine große Zahl der hiesigen Einwohner flüchtete sich in die Kirche, weil sie sich da wegen des starken Mauerwerks vor den Kugeln gesichert hielten;*

Napoleon im Bivouac am Galgen bei Leipzig, kolorierte Radierung, um 1814

andere verbarrikadierten sich in den Kellern der Häuser. Gegen Mittag wurde ein äußerst heftiges Kanonen- und Pelotonfeuer eröffnet und heftig war der Angriff der Russen, Preußen und Österreicher auf unseren Ort … Herzerreißend war das Jammern und Wehklagen in der Kirche, besonders da die Kirchenthüren aufgesprengt wurden und die Kugeln durch die Fenster in die Kirche fielen … Noch mehr aber steigerte sich unser Jammer, als einige Männer durch die schmalen Oeffnungen des Thurmes gewahr wurden, wie der größte Theil der Häuser auf der Windmühlengasse in Feuer aufging.«[54]

Unterdessen setzen die Verbündeten den Vormarsch auf Leipzig fort. Im Süden Leipzigs langen russische Truppen im Verlaufe des 14. Oktober bei Gautzsch an, damals rund zwei Stunden von Leipzig entfernt, und vertreiben die bis dahin dort stationierten Franzosen. Der Pfarrer von Gautzsch, gerade aus Leipzig zurückgekehrt, wo er sicherheitshalber seine wichtigsten Habseligkeiten beim Prediger der Nikolaikirche unterstellte, hat sich soeben an den Abendbrotstisch gesetzt,

»als der Hetmann Platow mit 10000 Kosaken von der Lauer her ins Dorf kam und die Franzosen nach Connewitz jagte … In dem Augenblicke kamen mehrere in die Stube und nahmen Alles vom Tische weg, was darauf stand. Ja, sie gingen weiter, suchten in allen Stuben und Kammern, in Keller, Küche

Joachim Murat, Radierung, um 1830

und auf dem Boden und wo sie nur glaubten etwas zu finden, nahmen, was da war und schlugen Hühner, Gänse und Schweine todt. Die Pferde waren im Holze versteckt, sonst hätten sie wohl auch diese mitgenommen.«[55]

Auch anderen Einwohnern der engeren Umgebung Leipzigs wird angesichts der eintreffenden Heeresmassen zunehmend unwohl. Da auch in den Dörfern immer weniger an Verpflegung zu erhalten ist – die seit dem Sommer regelmäßig durchziehenden Truppen haben nur noch wenig übrig gelassen – suchen die Soldaten auf eigene Faust nach versteckten Vorräten. Den Bauern wird Angst und Bange und wer nur irgend kann, versucht, sich durch Flucht in sicherere Gefilde aus der Schusslinie zu bringen. Auch die Einwohner Probstheidas sehen das so. Wegen der Lage an der gut ausgebauten Straße nach Leipzig hat das Dorf für Napoleon einige strategische Bedeutung. Als in den Tagen vor der Schlacht immer mehr Artillerie im Dorf anlangt, wird auch dem Letzten klar, dass Probstheida in der bevorstehenden Schlacht zu einem Ort schwerer Kämpfe werden könnte. Der spätere Pfarrer von Probstheida berichtet über den 14. Oktober:

> *»Schon Tage vorher hatten die Bewohner kein Bleibens mehr gehabt, es war eine allgemeine Flucht geworden, theils nach Leipzig, theils nach den Dörfern Beucha und Polenz, wohin auch sämmtliche Schafe unter Leitung des Gemeindehirten Wiegner getrieben wurden, während Kühe und Schweine zurückblieben und verloren gingen.«*[56]

Das Gemetzel bei Liebertwolkwitz gleicht inzwischen einem Handgemenge gigantischen Ausmaßes. Das Gedränge der oft ziemlich regellos in den Kampf geworfenen Reiter wird so eng, dass mitunter der Platz zum Ziehen der Säbel nicht ausreicht. Von kunstvoll ausgeführten Kavalleriemanövern kann erst recht keine Rede sein. Alles haut und sticht wie bei einer Massenschlägerei aufeinander ein. Mehrfach schrammt Murat, der es sich nicht nehmen lässt, seine Truppen persönlich in die Schlacht zu führen, nur knapp an der Gefangennahme vorbei. Der prächtig aufgeputzte Lockenkopf und wegen seiner fantasievollen Aufmachung mitunter Zirkusreiter genannte Reiterführer ist ein leicht auszumachendes Ziel. Ein sächsischer Offizier beschreibt das übliche Aussehen dieses Paradiesvogels:

> *»Sein Gesicht, aus dem zwei dunkelgraue, lüsterne Augen blitzten, war mit Schnurr- und Backenbärten üppig verbrämt, das schwarze Kraushaar fiel, in Locken, über den Kragen einer hellblauen Kurtka, oder eines, auf polnische Art geschnittenen, vorn herab zugeknöpften Pikeschen-Rockes, dessen enge Aermel unter der Schulter aufgeschlitzt waren. Den Kragen bedeckte eine goldne Stickerei. Ueber diesem Rocke trug er einen reichen, vom Gold geschlagenen Gürtel, an dem das leichte, gerade und schmale Schwerdt, von altrömischer Form … hoch oben auf der Hüfte saß. Der Griff war mit Edelsteinen … ausgelegt. Hierzu trug der König in der Regel purpur- oder blutrothe, auf den Nähten mit Gold verzierte, weite Pantalons, und Stiefeln von gelbem Leder oder Nanking. Ein großer dreieckigter Hut, verkehrt gesetzt, vollendete das Ganze. Derselbe mit Strausfedern inwendig belegt, mit einer breiten Bogen-Tresse eingefasst, und mit einem Federbusch geschmückt, der aus vier weißen, nach allen Himmelsgegenden gesenkten Strausfedern bestand, aus deren Mitte wieder ein kostbarer Reiher-Stutz emporragte.«*[57]

Trotz der operettenhaften Aufmachung ist der Schwager Napoleons ein mutiger, talentierter Kavallerieführer und als König von Neapel ein recht umsichtiger Monarch, der sein Königreich zielstrebig in die moderne Zeit führt, ohne sich bei seinen Untertanen als fremder Potentat aufzuspielen. Ein Leutnant des neumärkischen Dragonerregimentes, ein gewisser Guido von der Lippe, kommt ihm in der Schlacht gar so nahe, dass der Beireiter Murats den Verfolger vom Pferd hauen muss. Zweimal versucht der König von Neapel, mit dem Angriff einer gewaltigen Kavallerietiefkolonne den Kampf zu entscheiden, scheitert aber am russisch-preußischen Geschützfeuer und dem entschlossenen Einsatz der gegnerischen Kavallerie. Auch seine ab 16 Uhr unternommenen Infanterievorstöße werden sämtlichst abgewiesen. Bis zum Abend ziehen sich noch die Kämpfe um das Dorf Liebertwolkwitz hin, das Truppen des österreichischen Generals Klenau um die Mittagszeit besetzt haben, ehe die Österreicher den Rückzug antreten müssen.

Gegen 18 Uhr befiehlt Schwarzenberg schließlich, das gesamte Gefecht abzubrechen, und Freund und Feind ziehen sich im Wesentlichen in ihre morgendlichen Stellungen zurück. Von keiner Seite in diesem Ausmaße ge-

Murat-Linde in Wachau, Radierung, um 1830

plant, ist das größte Reitergefecht der Völkerschlacht schon geschlagen. Bis zu 14 000 Reiter hatten aufeinander eingehauen, greifbare Geländegewinne hat es keiner von beiden Seiten gebracht. Murat hat 600 Mann an Toten und Verwundeten und 1 000 Gefangene als Verlust anzugeben, die Verluste der Verbündeten sind nur wenig geringer. Zwar kann Murat Zeit für den Aufmarsch der Truppen Napoleons bis zum 16. Oktober gewinnen, hat aber zugleich die ohnehin etwas schwache französische Kavallerie in einem nutzlosen Gefecht weiter zur Ader gelassen. Napoleon ist über den hitzköpfigen und überdimensionierten Einsatz seines Schwagers alles andere als amüsiert. Die Verbündeten jedenfalls können ihre Verluste wesentlich leichter verschmerzen. Durch die hartnäckige Gegenwehr der Franzosen sind sie sich nun sicher: Die Franzosen werden sich nicht über Leipzig hinaus zurückziehen. Die Schlacht wird man hier schlagen müssen.

Auch Napoleon selbst trifft an jenem 14. Oktober in Leipzig ein. Von Düben kommend, quartiert er sich nicht etwa am Markt ein, sondern zieht,

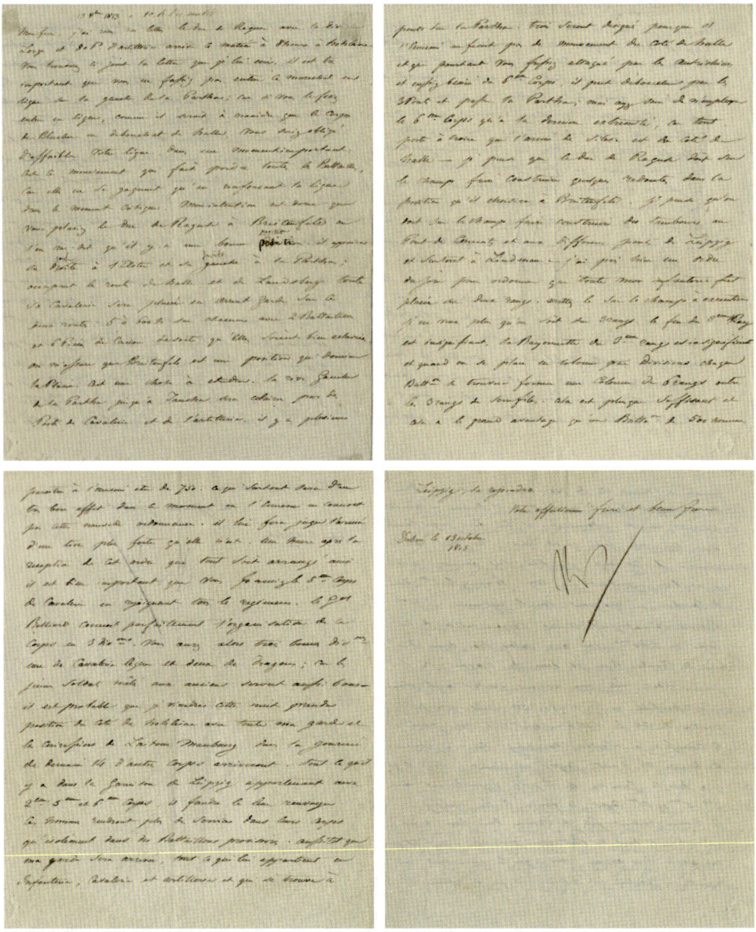

Armeebefehl Napoleons aus seinem Hauptquartier in Düben vom 13. Oktober 1813

begleitet von seiner Eskorte und Einheiten der Alten Garde bis zum Galgen (heute Dresdner Straße / Gerichtsweg). Dort werden Feldstuhl und zugehöriger Tisch aufgestellt und ein Feuer entzündet. Mehrere Stunden sitzt der Kaiser der Franzosen nun über Landkarten gebeugt. Hier trifft ihn auch der aus Richtung der Wurzener Straße mit Frau und Tochter ankommende sächsische König, der bald nach Leipzig weiterzieht, während Napoleon noch bis zum Nachmittag hier verweilt.

Obgleich der Kaiser der Franzosen von etlichen Männern der Garde begleitet wird, ist es auch für Zivilisten recht einfach, sich dem Herrscher halb Europas bis auf wenige Meter zu näher. Davon machen auch die notorisch neugierigen Leipziger lebhaft Gebrauch. Einer von ihnen ist ein junger Handlungsgehilfe in einem Leipziger Handelshaus. Er beschreibt uns die Situation beim kaiserlichen Biwak am Galgen aus erster Hand:

»Ich ging um 4 Uhr auch hinaus und besah mir die Gegend nach Reidnitz und Stoetteritz hin, wo starke Truppencorps schon standen. … Napoleon saß auf einen mit rothem Saffian ausgelegten Stuhl und besah (als ich in den geschlossnen Kreis trat) die Gegend um Leipzig auf der Landkarte, welche auf einen daneben stehenden Tisch lag. Hinter diesem Tisch war ein großes Feuer, welches der Kayser manchmal mit den Füßen, auch mit einen Reisig anschürte. Die Adjutanten kamen gesprengt, berichteten und ritten wieder fort. Die Marschälle standen nicht weit davon und verfügten sich nur einzeln zu Sr. Majestät dem Kayser, welcher einen ganz schlichten grauen Rock an und einen Hut ohne Cocarde auf hatte. Berthier und Coulincourt standen ihm immer zu nächst … Der simple Mann hat eigne Gewohnheiten an sich, welche ich an ihm bemerkt habe. Er sieht aus wie ein Dicker Pächter, er popelt sich sehr oft in der Nase, welches nicht hübsch aussieht! – gähnte sehr oft und schlug sein Wasser öffentlich ab. Immer ist er beschäftigt, bald ging er hin und her, bald legte er sich mit seinem dicken Corpus auf seine Stuhllähne und schaukelte sich, auf die liegende Landkarte sehend, dann spielte er mit einem Erlenknittel, welchen er beim Feuer fand, schürte solches dann an und schmiß ihn dann hinein, und mehr solche Sachen haben wir, ganz nahe, 10 Schritte weit davon, von ihm machen sehen.«[58]

Angesichts der Beschreibung des sensationshungrigen Müßiggängers tut dem Leser der mächtige Mann beinahe leid, der ständig von einer Vielzahl derartiger Schaulustiger belagert ist und darauf wohl nur mit absoluter Gleichgültigkeit reagieren kann.

Am späten Nachmittag unternimmt der wie eine Jahrmarktsensation in Augenschein Genommene einen kurzen Ritt zum Hallischen Tor, wo er das Eintreffen von Gardeabteilungen verfolgt. Hernach schlägt er sein Hauptquartier im Landhaus des Bankiers Vetter in der Reudnitzer Kapellengasse auf. Der Napoleon als sächsischer Militärbevollmächtigter begleitende sächsische Major Otto von Odeleben schildert die Zustände im Quartier des Kaisers:

»Da in dem Hause, wo Napoleon sein Absteige-Quartier nahm, immer Alles gedrängt übereinander lag, und außer seinen Wohnzimmern, dem Kabinett, dem Salon de service, und den Speise-Zimmern für den Dienst, auch für Berthier ein Schlaf- und ein Schreibgemach erforderlich war, so mussten sich die Adjutanten öfters gar schlecht behelfen. Ein Mann von hoher Geburt, wie der General Narbonne, der, als Gesandter in Wien, eins der glänzendsten Häuser gemacht hatte, lag in der zweiten Hälfte des Feldzugs, als diensthuender Adjutant des Kaisers, nicht selten auf einem Strohlager, oder auf ein paar Stühlen in Napoleons Vorzimmer, um ihn, wenn wichtige Meldungen oder Depeschen einliefen, vielleicht sechs bis acht mal in einer Nacht zu

Das Hospitaltor, aquarellierte Feder- und Pinselzeichnung nach Johann Gottfried Heinrich Geißler, Leipzig, 1889

> *wecken. In diesem Vorzimmer Napoleons lag der gesamte Dienst auf einer Streu; zwei Adjutanten, deren jeder wieder einen Adjutanten hatte, die zu Versendungen gebraucht wurden, und unter sich wechselten; ein Stallmeister, ein paar Ordonanz-Offiziers, zwei Pagen – oft aber auch, wenn Alles in gespannter Erwartung eines schnellen Aufbruchs oder Gefechts war, jeder, der nicht sicher war, verlangt zu werden. Folglich sah es in dem Vorzimmer oft aus, wie in dem Bauche des trojanischen Pferdes.«*[59]

Ebenfalls im Vetter'schen Landhaus soll der Fürst von der Moskwa und Herzog von Elchingen, Michel Ney, nebst zwei weiteren herzoglichen Generalen nur eine Strohschütte im Keller als Quartier bezogen haben. Das übrige kaiserliche Gefolge dürfte ohnehin kaum in den Schlaf gekommen sein.

Napoleons Hauptquartier im Vetter'schen Landhaus in Reudnitz, Zeichnung, Leipzig, 1895

15. Oktober

Vorbereitungen auf die Schlacht

Sehr früh am Morgen des 15. Oktober sucht der König von Neapel seinen Schwager in der Kapellengasse auf und erstattet ihm über das am Vortage geschlagene Gefecht bei Liebertwolkwitz Bericht. Gegen 10 Uhr begibt sich Napoleon zu Pferde mit seinem Gefolge nach Probstheida, von dort aus wenig später auf den Galgenberg zwischen Wachau und Liebertwolkwitz, wo er etliche Stunden mit Berthier, seinem Generalstabschef, den diversen Marschällen und dem erneut zu ihm gestoßenen Murat Kriegsrat hält. Auch Napoleon weiß zu diesem Zeitpunkt noch nicht genau, mit wem er es hier bei Leipzig zu tun bekommen wird. Man verfällt auf eine Kriegslist und entsendet am Nachmittag zwei französische Kürassieroffiziere, die unter Parlamentärsflagge bis zur feindlichen Vorpostenlinie vordringen. Sie führen eine erhebliche Menge Geldes nebst einer Liste vorgeblich am Vortrage in Gefangenschaft geratener Offiziere mit sich. Sie täuschen vor, über deren Freilassung verhandeln zu wollen. Der Adjutant des preußischen Generals Kleist, Major von Watzdorf, führt die Verhandlungen. Bald stellt er fest, dass die beiden Franzosen vor allem wissen wollen, ob sich die Hauptarmee der Verbündeten hier bei Leipzig befindet. Nach einer Stunde ziehen die beiden Kürassiere unverrichteter Dinge von dannen. Unterdessen ist Napoleon nach Dölitz geritten, wo er sich mit dem Fürsten Poniatowski bespricht, ehe er bei Liebertwolkwitz und später bei Holzhausen und Zuckelhausen die dort aufgestellten Truppen inspiziert und sich dann wieder auf den Rückweg in sein Quartier nach Reudnitz macht.

Schwarzenberg hat im Morgengrauen sein Hauptquartier bei Pegau verlassen, ist nach Gautzsch geritten und inspiziert dort die Stellungen der gegnerischen Truppen, die er vom Gautzscher Kirchturm aus beobachten konnte, ehe er sich wieder zurück nach Pegau begibt. Dort macht er sich an die Ausfertigung der Dispositionen, der Handlungsanweisungen, für die verschiedenen Truppenkörper für den folgenden 16. Oktober. Im Grunde setzt Schwarzenberg auf einen Angriff bei Leipzig von Westen und Süden. Im Röthaer Hauptquartier wird lange und laut über das rechte Vorgehen diskutiert. Die russischen Generale sind von dem ersten Plan des Österreichers nicht überzeugt, setzt er doch zu sehr auf das allzu wankende Kriegsglück. Die Russen hätten es gern etwas sicherer, können aber Schwarzenberg nicht überzeugen. Schließlich greift der Zar persönlich ein und droht, die Russen am kommenden Tage nicht einzusetzen. Schwarzenberg bessert nach.

16. Oktober

Die Truppen marschieren auf

Friedrich Harnisch, Schlacht bei Leipzig, Öl auf Leinwand, 1884

Im Morgengrauen des 16. Oktober sammeln sich die in der Dunkelheit in Marsch gesetzten Korps Kleist, Wittgenstein, Klenau und Pahlen auf der Linie Fuchshain – Großpösna – Güldengossa – Cröbern, während dahinter bei Gruhna das russische Korps Rajewski und eine russische Kürassier-Brigade, bei Rötha aber die russisch-preußischen Gardeeinheiten und die Reserven Aufstellung nehmen.

Zwischen Pleiße und Elster bei Gautzsch treffen ein österreichisches Korps und die österreichischen Reserven ein, vor dem französisch besetzten Lindenau ein weiteres österreichisches Korps, eine österreichische Division und jeweils ein russisches und ein österreichisches sogenanntes Streifkorps. Im Norden Leipzigs soll die Armee des Generals Blücher ihren Vormarsch fortsetzen. Insgesamt haben die Verbündeten rund 205 000 Mann und etwas mehr als 900 Geschütze zur Verfügung. Zwar sind immer noch große Teile ihrer Heeresmacht auf dem Weg nach Leipzig und können in die Kämpfe des aufziehenden Tages nicht eingreifen, trotzdem hat man sich zum Angriff entschlossen. Zu groß scheint die Gefahr, dass Napoleon sich den schwächeren Armeen Blüchers oder der des schwedischen Kronprinzen zuwenden könnte. Nach seinem inzwischen überarbeiteten Schlachtplan will Schwarzenberg mit einem Teil der ihm zur Verfügung stehenden Kräfte das Zentrum Napoleons bei Wachau angreifen, während österreichische Truppen zugleich die Pleiße überqueren und in Flanke und Rücken Napoleons vordringen sollen. Der Plan ist riskant, das Gelände schwer einzuschätzen, doch gelingt der Schachzug, wird der Sieg derart überwältigend sein, dass er in die Kriegsgeschichte eingehen muss. Das wiegt für altgediente Militärs schwer und Schwarzenberg gibt den Befehl zum Beginn des Angriffs. Signalraketen steigen in den Himmel.

Eigentlich wollte auch Napoleon angreifen. Allerdings schon am 15. Oktober, doch hat ihn, den Meister der schnellen Truppenbewegungen, das Marschtempo seiner Leute im Stich gelassen. Auch er hat bis zum 16. Oktober warten müssen. Wie seine Gegner auch, war er über Position und Absicht der feindlichen Truppen vielfach auf Vermutungen angewiesen. Als besonders fatal sollte sich seine Annahme, Blücher sei mit seiner Armee aus Russen und Preußen aus Weißenfelser Richtung zu erwarten und auf dem Wege, sich im Süden Leipzigs mit Schwarzenbergs Truppen zu vereinigen, erweisen. Für seinen geplanten Angriff auf der Linie Markkleeberg–Wachau–Liebertwolkwitz rechnet er eine mögliche Unterstützung durch seine im Norden unter Marschall Ney stehenden Kräfte mit ein. Am zeitigen Vormittag hat Napoleon auf der Linie Connewitz–Lößnig–Dölitz–Markkleeberg, das polnische Korps, eine französische Division und ein reines Kavalleriekorps stehen. Auf der Linie Wachau–Liebertwolkwitz zwei weitere Korps, dahinter in Reserve die gesamte Junge und eine Division der Alten Garde, bei Zuckelhausen ein weiteres Korps, bei Probstheida eine Division der Alten Garde, die Gardekavallerie und ein normales Kavalleriekorps. Ein weiteres Kavalleriekorps ist auf dem Weg nach Meusdorf und in Richtung Holzhausen sind zwei Korps, eines davon reine Kavallerie, unterwegs. Zusammen mit den Kräften bei Lindenau und jenen im Norden verfügt der Kaiser der Franzosen an jenem 16. Oktober insgesamt über 190 000 Mann mit 690 Geschützen.

Spätsommer und Herbst des Jahres 1813 sind in Ost- und Mitteleuropa von außerordentlich ergiebigen Regenfällen gekennzeichnet. Bereits Ende August war es ob der heftigen Regenfälle östlich der Oder zu verschiedenen Überschwemmungskatastrophen gekommen. In Schlesien sind Anfang September etliche Dörfer infolge ausgedehnter Überschwemmungen von der Außenwelt abgeschnitten.

Auch in der Leipziger Tiefebene hat der Herbst mit starken Regenfällen begonnen. In der von Auenlandschaften durchzogenen Umgebung sind die zahlreichen Wasserläufe längst über die Ufer getreten. Die Niederungen der Flüsse stehen weithin unter Wasser. Die massiven Truppenbewegungen vor der Schlacht haben die meist unbefestigten Wege in bodenlosen Morast verwandelt. Sind diese Straßenverhältnisse schon für ein einfaches Fuhrwerk

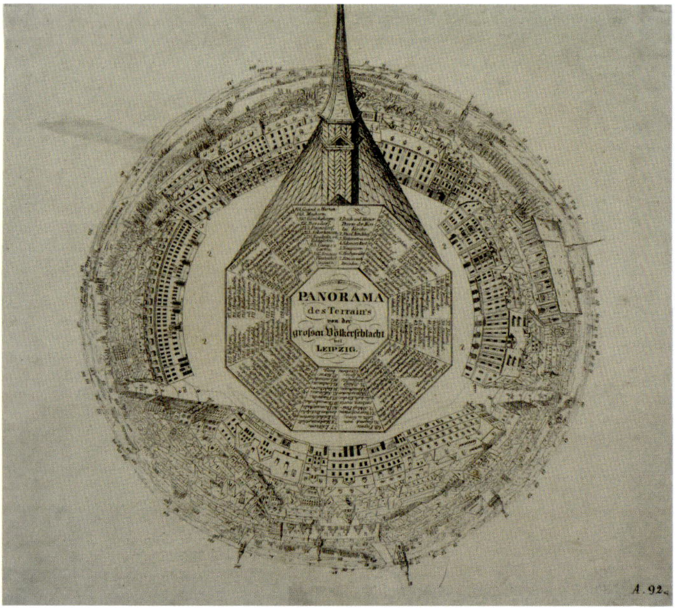

Panorama des Terrain's von der grossen Völkerschlacht bei Leipzig, Radierung, um 1830

problematisch, so müssen sie für die Bewegung von Tausende Soldaten zählenden Truppenmassen zur Herausforderung werden. Für die zahllosen, die Armeen begleitenden Wagen für Munition, Ausrüstung, Pionieraufgaben und gar die tonnenschwere Artillerie gestaltet sich die Bewegung im Gelände zum Albtraum. Gerade für die Schlacht bei Wachau sollen vor allem die Geländeverhältnisse im Süden Leipzigs eine ausschlaggebende Bedeutung bekommen.

Die Vorstellung vom Ablauf einer Schlacht wird heute allgemein von den Bildern des Kinos geprägt. Taufeuchte Wiesen im Morgennebel, aus dem links die eine, rechts die andere Partei losstapft, um beim Zusammentreffen in der Mitte aufeinander loszuschlagen. Spätestens wenn des Abends die Sonne sinkt, enden die Technicolor-Schlachten mit dem Triumph eines Kontrahenten über den anderen. Das, was als Völkerschlacht bei Leipzig in die Geschichtsbücher eingehen sollte, ist eine Abfolge von mehreren Kampftagen. Dabei kommt es am ersten Schlachttag, dem 16. Oktober, zu mehreren räumlich getrennten Kampfhandlungen, die miteinander nur wenige Berührungspunkte haben. An jenem zunächst regnerischen Tag kommt es neben der Hauptschlacht bei Wachau noch zu einer weiteren, der bei Möckern, und den Gefechten bei Connewitz beziehungsweise bei Lindenau.

Beim Blick auf das morgendliche Leipzig an jenem Tage, an dem sowohl Schwarzenberg als auch Napoleon mit einem glänzenden Sieg über den jeweils anderen rechnen, kommt erneut Friedrich Rochlitz zu Wort:

»In der Stadt und in der näheren Umgebung ist alles zu Palisaden taugliche Holzwerk genommen worden. Da davon nicht genug vorhanden war, hat man nicht nur in den nahen Gehölzen, sondern auch in einem Teile unserer schönen Anlagen um die Stadt Bäume zu jenem Zwecke gefällt. Die Tore, die nicht zu den Hauptstraßen führen, sind ganz gesperrt und verrammelt. Die Haupttore sind es auch bis auf Öffnungen für die nötigsten Eingänge, die von spanischen Reitern bewacht werden. Die Mauern der Gärten, die fast ringsum die Stadt umgeben, sind für Schützen, Mann an Mann, durchlöchert worden.

Über Mangel an den nötigsten Nahrungsmitteln, vornehmlich an Brot, konnte bisher in der Stadt nicht geklagt werden, Die Thätigkeit unserer und die Geübtheit der französischen Behörden hatte noch immer Rat geschafft. Selbst jetzt macht sie das Nötigste noch möglich. Aber jeder fürchtet den nahen Mangel, will sich vorsehen und führt dabei den Mangel herbei. … Der Anblick, wie das Volk um jeden ankommenden Brotwagen sich schreiend drängt, wie jeder sein Geld hoch emporhält, um den Verkäufer zu bewegen, nur ihn zu versorgen, wie einer den anderen wegstößt, wie die Weiber auch hier einander weniger schonen als die Männer, wie rohes Gesindel zu erringen weiß, was rechtlichen Leuten oft nicht gelingt, und nun auf der Stelle mit Jubel das Erhaschte verteuert verkauft, um sogleich sein Glück von neuem zu versuchen – dieser Anblick hatte für mich etwas äußerst Widriges.«[60]

Wachau am Vormittag

Was draußen, im Süden der großen Stadt, in den folgenden Stunden vorgeht, wissen die meisten Leipziger nicht. Sie haben nur die Truppenmassen Napoleons gen Liebertwolkwitz ziehen sehen. Den Beginn der Kämpfe bekommen sie zunächst nur aus der Ferne zu hören. Der Arzt des Türmers der Thomaskirche, Dr. Baumann, hat da mehr Glück. Aus rein beruflichen Gründen erhält er am 16. Oktober Zugang zu seinem Patienten und damit auch zur Turmplattform, wo er sich

»fast den ganzen Tag dort aufhielt und die Bekanntschaft eines alten polnischen Obersten machte, welcher von dem Commandanten Leipzigs, General Bertrand, dahin stationiert war, um ihm über den Gang der Schlacht fast alle halbe Stunden Rapport zu machen, zu welchem Behufe ihm mehrere Ordonnanzen zur Verfügung gestellt waren … Es mochte zwischen 11 und 12 Uhr sein, als ich von dem Obersten aufmerksam gemacht wurde, wie Napoleon große Massen von Kavallerie in der Gegend von Wachau gegen

Güldengossa in enge Trupps zusammenzog und aufstellte. Er sagte zu mir: ›Geben Sie acht, sobald sich diese Masse entwickelt, wird Napoleon die Linie der Alliierten durchbrechen und die Alliierten vernichten!‹

Es dauert auch nicht lange, so erfolgte der Angriff unter einem Kanonendonner, wie er noch nie gehört worden war und man sah deutlich, wie die Linie der Alliierten zurückwich, und in denselben Augenblicke sah man auch schon Adjutanten und Gensdarmen nach der Stadt eilen, um den vermeinten Sieg zu verkünden und vorn dem Thurme hörte man sehr deutlich das Geschrei auf dem Markte: ›Vive l'empereur!‹ – ›la bataille est gagnée!‹ In dem Augenblicke kam der Thürmer Herr zu mir und sagte: ›Soeben bekomme ich vom General Bertrand Befehl, wegen des Sieges mit allen Glocken zu läuten.‹ Als nun der erste Glockenton erschallte, sagte der Oberst: ›Was hat das zu bedeuten?‹ worauf ich erwiderte: ›Es gilt der gewonnenen Schlacht.‹ Sogleich schickte er eine Ordonanz, mit der er sehr eifrig sprach, an den General Bertrand, und es dauert nicht lange, als zwei Offiziere sehr verstimmt auf den Thurm kamen.

Während dieser Zeit aber rief mich der Oberst zu sich und sagte: ›Sie haben so gute Augen; sehen Sie nicht dort rechts über diese Dörfer hinaus feindliche Kavalleriemassen hervorbrechen? Welche Gegend ist das?‹ ›Das ist die Gegend von Zwenkau und Pegau, und der hier sichtbare Wald heißt die Hard. Nach dem er sein Fernrohr zur Hand genommen, erwiderte er achselzuckend: ›Diese werden die Scharte bald wieder auswetzen, denn schon jetzt sehe ich, wie die Franzosen in ihrem Vordringen inne halten und sehe daher nicht ein, wie man einen Sieg verkünden kann, der nicht in Wirklichkeit existiert‹ …«[61]

Am Morgen eröffnet russisches Geschützfeuer bei Wachau die Kämpfe des Tages. Die Verbündeten gehen mit vier Kolonnen gegen Markkleeberg, Wachau und Liebertwolkwitz vor. Russischen und preußischen Soldaten gelingt es relativ rasch, das nur schwach besetzte Dorf Wachau einzunehmen. Scheinbar hat Napoleon diesen Abschnitt seiner Truppen zu sehr ausgedünnt. Die Soldaten der Verbündeten stürmen über den Dorfrand hinaus, immer weiter vorwärts wollen sie, der Feind scheint schwächer als gedacht. Der vermeintliche Erfolg erweist sich als kurzlebig. Kaum ist der Dorfrand erreicht, fällt der Blick auf eine schier endlose Reihe französischer Geschütze, die ohne Zögern das Feuer auf die Vorwärtsstürmenden eröffnen, während die Infanterie Murats langsam vorgeht. Schnell müssen die Soldaten der Verbündeten hohe Verluste hinnehmen, sie weichen zurück, das Dorf geht verloren und wird wieder von den Franzosen besetzt. Die jedoch können nun wegen der heftigen Gegenwehr der preußischen und russischen Soldaten vor Wachau auch nicht über das Dorf hinaus vor-

Ludwig Richter, Bauern aus einem Dorfe, welche die Leipziger Schlacht mit ansehen, Radierung, um 1830

dringen. Über Stunden folgt ein heftiger Feuerwechsel zwischen denen im Dorf und jenen davor. Insgesamt dreimal dringen die Verbündeten ins Dorf Wachau vor und dreimal werden sie von den Franzosen wieder daraus verdrängt, dann geben sie den Versuch endgültig auf, an dieser Stelle steht die Schlacht.

Inzwischen sind die Preußen links von Wachau gegen Markkleeberg und die kleine Anhöhe zwischen den beiden Dörfern vorgegangen. Die Preußen dringen trotz des erbitterten Widerstandes des polnischen Korps unter Poniatowski in Markkleeberg ein, können aber das Dorf nicht vollständig in ihren Besitz bringen. Der Häuserkampf dauert fort, ohne dass eine von beiden Seiten die Auseinandersetzung für sich entscheiden kann. Auf der Anhöhe zwischen Markkleeberg und Wachau kann die russische Division sich gerade noch halten. Wenn hier der Gegner erneut angreifen würde, wäre die Lage kritisch. Inzwischen ist auch der Kampf um den Galgenberg entfacht. Hier hat Napoleon rund 300 Geschütze in Stellung bringen lassen, die einen Orkan aus Feuer und Eisen auf die angreifenden Russen niedergehen lassen und sich alsbald mit den russischen Geschützen ein Artillerieduell liefern. Gegen 10 Uhr greifen nun auch die Österreicher in den Kampf ein. Gemeinsam mit einer preußischen Brigade besetzen sie den Kolmberg und beginnen den Angriff auf Liebertwolkwitz. Auch in dieses Dorf können sie

Die Erstürmung des Dorfes Liebertwolkwitz am 16. October 1813 in der Schlacht bei Leipzig, kolorierte Radierung, um 1814

zunächst rasch eindringen, doch haben sich die Franzosen hier an einigen Punkten ebenfalls festgesetzt und drängen die Truppen des Generals Klenau allmählich wieder aus dem Ort. Am späten Vormittag sind die Angriffe der Verbündeten rechts der Pleiße überall zum Stehen gekommen. Würden hier nicht bald Reserven eingesetzt, ist die Schlacht verloren.

Doch auch Napoleon ist unzufrieden. Nicht nur, dass die Verbündeten seinem eigenen Angriff zuvorgekommen sind, die französischen Verluste steigen rasch und für einen Gegenangriff fehlen ihm noch die aus dem Norden Leipzigs herbeigeorderten Korps. Zumindest die ihm zur Verfügung stehenden Kräfte gruppiert er so um, dass er den fortgesetzten Angriffen der Verbündeten auf seinem rechten Flügel bei Liebertwolkwitz, bei Wachau und der Schäferei Meusdorf widerstehen kann. Jetzt wartet er mit dem Gegenangriff den günstigsten Moment ab. Im weiteren Verlaufe des Mittags gelingt es dem französischen Marschall Macdonald, den heiß umkämpften Kolmberg zu erobern, die Österreicher vorerst endgültig aus Liebertwolkwitz ins Niederholz zu drängen und den größten Teil Markkleebergs zu besetzen. Gegen 14 Uhr ist die Offensive der Verbündeten nahezu vollständig gescheitert und mit Ausnahme der preußischen Kolonne des Generals Kleist, die sich noch in einem kleinen Teil Markkleebergs hält, sind alle Kräfte der Verbündeten auf ihre Ausgangspunkte vom Morgen zurückgedrängt.

Johann Lorenz Rugendas, Völkerschlacht bei Leipzig, kolorierte Radierung nach Johann Jacob Wagner, 1814

Connewitz

Unterdessen versucht ein österreichisches Armeekorps unter dem General Maximilian Friedrich von Meerveldt, mit seinen Truppen den Übergang über die Pleiße zu erkämpfen. Gleich, wo er angreift, ob Connewitz, Lößnig oder Dölitz, überall scheitert er am dicht mit Unterholz bewachsenen Gelände, das durch die zahlreichen Wasserläufe und die ausgiebigen Regenfälle der letzten Wochen zum Morast geworden ist. Kommt schon die Infanterie in diesem Gelände kaum vorwärts, so scheitern die zentnerschweren Geschütze unweigerlich. Zumindest ins Dölitzer Schloss können die Österreicher vordringen. Der Versuch aber, Napoleon in Flanke und Rücken zu fallen, ist am Vormittag ebenfalls gescheitert. Trotz immer wieder neuer Anläufe soll sich daran auch in den nächsten Stunden nichts ändern. Im Verlaufe des Nachmittags gelingt es dem österreichischen Feldmarschallleutnant Vinzenz Ferrerius Friedrich von Bianchi, mit einem Teil der Armee-Reserve nach Markkleeberg und bis vor Dölitz vorzudringen. Als nun noch die mühsam hierher geschleppte Artillerie eingesetzt wird, wenden sich die Franzosen zur Flucht. Jetzt geschieht etwas, das etliche Militärschriftsteller der kommenden Jahrzehnte zum verwunderten Augenreiben animiert. Der kommandierende österreichische General der Kavallerie, Maximilian Friedrich Graf von Meerveldt, ein Herr von 49 Jahren, reagiert wie ein eifriger Rekrut. Obwohl ihm seine Begleitung die irrige Ansicht auszureden sucht, hält er – zumindest vorgeblich – eine am jenseitigen Ufer aufmarschierende Einheit der Alten Garde für ungarische Soldaten, treibt sein Pferd an, sprengt über einen im Bau befindlichen provisorischen Steg, bekommt das Pferd unter dem Allerwertesten weggeschossen und gerät in Gefangenschaft Napoleons. Was für eine Geschichte! Ein Augenzeuge des Vorfalls, der General Ludwig von Wolzogen, betont in seinen Memoiren eigens, dass der eifrige Meerveldt nur von einem Ordonnanzoffizier auf das andere Pleißeufer begleitet worden sei und er sich nachdrücklich verbeten hätte, dass ihm jemand folge![62] Erstaunlich ist die Angabe, dass auf den General 4000 Mann (eine gewiss etwas zu hoch gegriffene Zahl, aber wohl immerhin zumindest sehr viele) eine Salve abgefeuert hätten. Von all den Schüssen tötet aber nur einer das Pferd und ein anderer verwundet den Reiter leicht. Ein miserables Schießergebnis! Auf den weiteren Fortgang der Kämpfe hat das Intermezzo keine Auswirkung.

Als die hereinbrechende Dämmerung fast alle Kämpfe beendet hat, reitet Napoleon nach Meusdorf, wo bereits die Zelte für ihn und seine unmittelbare Umgebung aufgeschlagen sind. Bevor er sich zu einer kurzen und an diesem Abend sicherlich nicht sonderlich ruhigen Nacht zurückzieht, lässt er den gefangenen österreichischen General zu sich bringen. Meerveldt und Napoleon sind einander bereits begegnet. 1797 hatte Meerveldt für die österreichische Seite die Verhandlungen geführt, die mit dem Friedensschluss von Campo Formio den ersten Koalitionskrieg beendeten. Später am Abend sprechen der Kaiser der Franzosen und sein Gefangener noch ein zweites Mal miteinander. Die Nachrichten über den Gesprächsinhalt sind recht diffus. Die seltsame Art und Weise, auf die der kommandierende General in die Hände seiner Gegner fiel, gibt bis heute Anlass zu Spekulationen. Mitunter wird vermutet, der General habe auf direkte Anweisung des österreichischen Kaisers einen möglichst unverdächtigen Weg zu einem direkten Gespräch mit Napoleon eingeschlagen. Wenn Franz I. tatsächlich nach einer Möglichkeit gesucht haben sollte, seinen Schwiegersohn vor der nun recht gewissen Niederlage zu bewahren, zugleich aber bestrebt war, dies vor den beiden verbündeten Monarchen geheim zu halten, so wäre die unglaubliche Festnahme Meerveldts tatsächlich ein geschicktes Manöver gewesen. Ob dem so war und was die beiden dann in Meusdorf tatsächlich besprochen haben, ist unbekannt.

Die offizielle Version liefert der Geheimsekretär Napoleons, Agathon Jean François Fain:

»Ihr fürchtet«, so laut Fain Napoleon zu Meerveldt, *»sogar den Schlummer des Löwen. Ihr glaubt nicht eher ruhig sein zu können, als bis ihr ihm die Klauen ausgerissen und die Mähne abgeschnitten habt. Nun, wenn ihr ihn in diesem traurigen Zustand werdet versetzt haben, was werden die Folgen davon sein? Habt ihr dies auch bedacht? Gequält von der Begierde, mit einem Schlage das wieder zu erlangen, was ihr seit 20 Unglücksjahren verloren habt, verfolgt ihr nur diesen Gedanken und bemerkt nicht, daß sich seit zwanzig Jahren Alles um euch verändert hat! ihr überseht, daß sich eure Interessen eben so verändert haben und daß künftig Oestreich nur verlieren kann, wenn es auf Frankreichs Unkosten gewinnen will.«*[63]

Schlussendlich bietet Napoleon einen Waffenstillstand an. Dafür ist er zu recht großen Zugeständnissen bereit. Auflösung des Rheinbundes, Unabhängigkeit Polens und Illyriens sowie der sofortige Rückzug aus Deutschland gehören zu seinem Angebot. Wie ehrlich es gemeint ist, sei dahingestellt. Meerveldt, der sich mit dem Verhandlungsangebot sofort in das Hauptquartier der Alliierten nach Rötha begibt, richtet nichts aus. Napoleon erhält keine Antwort.

Wachau am Nachmittag

Mit der Eroberung des Kolmbergs und von Liebertwolkwitz scheint dem auf dem Galgenberg ausharrenden Kaiser der Franzosen der Fortgang der Schlacht entschieden zu sein. Er formiert seine Kräfte für den Gegenangriff, einzig die Truppen des Marschalls Auguste-Frédéric-Louis Viesse de Marmont und des Generals Joseph Souham sollen die Wucht des Gegenschlages noch stärken, sein Eintreffen will Napoleon noch abwarten, derweil die wechselseitigen Kämpfe um Wachau, Dösen und Markkleeberg unvermindert weitergehen. Auch auf Napoleons linkem Flügel werden die Kämpfe mit äußerster Heftigkeit fortgesetzt – hier stehen besonders der Kolmberg und das Niederholz, später auch erneut Liebertwolkwitz, im Mittelpunkt. Schwarzenberg und seine Generale nutzen die Zeit und verstärken ihre schwächsten Positionen durch eilends ins Feld geführte Reserven und Umgruppierungen. Als die zusätzlichen Truppen gegen 14 Uhr immer noch nicht angelangt sind, gibt Napoleon den Befehl zum Vorrücken. Wie schon so oft in der Vergangenheit will er das Zentrum der gegnerischen Truppen mit einem vernichtenden wuchtigen Schlag durchbrechen. Dazu hat Murat bei Meusdorf rund 8 000 Reiter zusammengezogen, während die Artillerie

Der Pariser Nussknacker, kolorierte Radierung, um 1815

noch weiter verstärkt wurde und sich mit den gegnerischen Geschützen ein heftiges Duell liefert, das in seinen Dimensionen auch schlachtgewohnte Soldaten erschauern lässt. Ein altgedienter sächsischer Oberst konstatiert: *»Das Artilleriefeuer wurde so anhaltend, daß man keine Pause darin vernahm und einzelne Schüsse gar nicht mehr unterschieden werden konnte, sondern das Feuer ganzer Batterien wie Bataillonsfeuer zusammenschlug.«*[64]

Zwischenzeitlich hat ein hochgestimmter Napoleon seinem Bündnispartner, dem sächsischen König, schon einmal in die Stadt Leipzig melden lassen: *»Daß Alles gut gehe, und daß die Franzosen Anhöhen und Dörfer besetzt hätten.«* Zugleich fordert er, in Leipzig und den Dörfern der Umgebung die Glocken läuten zu lassen, um die Truppen seiner Armee über die positiven Entwicklungen zu informieren. Ob Napoleon zu diesem Zeitpunkt tatsächlich fest von einem Sieg der französischen Waffen ausgeht und schon einmal Vorschusslorbeeren verteilt – so wurde es von den späteren Siegern gern interpretiert – oder er vielmehr seine Soldaten zu letzten Anstrengungen anspornen will, lässt sich heute kaum sagen. Gegen 15 Uhr ist die Formierung der großen Kavalleriekolonne abgeschlossen. Sie soll zunächst eine russische Batterie mit 32 Geschützen bei Güldengossa erobern und die dort befindliche russische Infanterie zersprengen, die seit Stunden im mörderischen Artilleriefeuer dahinschmilzt, dennoch aber aushält. Plötzlich schweigt die französische Artillerie, und ein dumpfes Grollen lässt das Schlachtfeld erbeben. Murat hat den Befehl zum Anreiten gegeben, die mehrtausendköpfige Masse aus schwerer Kavallerie, hauptsächlich Kürassiere und Dragoner, unter ihnen auch die sächsischen Kürassiere, stürmt mit vorgestrecktem Säbel los. Nach einigen hundert Metern wird das Tempo zum Galopp erhöht. Noch halten die trainierten unter den Reitern die Linie fest geschlossen, Steigbügel an Steigbügel wälzt sich die Höllenmasse nach vorn, erst kurz vor dem Ziel wird den Pferden das maximale Tempo abverlangt, die Wucht des Zusammenpralls mit einem Gegner zu Fuß ist unbeschreiblich. Wie eine Naturgewalt fegt die geschlossene Masse alles auseinander, was ihr im Weg steht.

Ein Adjutant des russischen Generals Eugen von Württemberg war kurz vor dem Angriff mitten auf dem Schlachtfeld unter seinem getöteten Reittier eingeklemmt worden und berichtet über das Nahen der Franzosen:

> *»Ich lag nun eine Weile besinnungslos unter dem Gewicht meines Pferdes … Verzweiflungsvoll und rettungslos lag ich da. Kanonen rasselten an mir vorüber, und ihre Bedienung keuchte hinterher. Ich verlor sie aus dem Gesicht, und über und neben mir zischte es durch die Lüfte und wühlte in den Boden, als ließe der Gott des Unfriedens alle seinen Furien los, um ihnen das Geleite zu geben. Zwei mitleidige Kanoniere kehrten endlich in den Höllenpfuhl zurück, um sich meiner zu erbarmen. Gott lohne ihnen dafür! Ich wurde unter meinem Schimmel hervorgezogen und erhielt über meine vermissten Beine die befriedigendsten Nachrichten. … Kaum aufgestellt, hinkte ich mit möglichster Eile den Constablern nach; als plötzlich die Donner schwiegen und dumpfes Getöse aus der Ferne, dem Gerassel von tausend schweren Ketten gleich, an deren Stelle trat. – Horch! – das ist Hufschlag und Schwerterklang! Kaum wendete ich mich um, so erblickte ich den vollen Troß vom 14. October, die ganze Last von Kürassieren und Dragonern in ihrem vollen Anzuge gegen einen Adjutanten zu Fuß, der nur mit einem zerbrochenen Säbel und einem Kantschuh bewaffnet war … Glücklicherweise lag Güldengossa nur wenige Schritte zur Linken. Ich säumte daher nicht, diesen Vortheil zu benutzen und meine Operationslinie mit dieser divergierenden Richtung zu vertauschen.«*[65]

Für die Soldaten des Prinzen Eugen von Württemberg geht die Begegnung mit den apokalyptischen Reitern weniger glücklich aus. Mit ihren Geschützen richten sie zunächst Unheil und Durcheinander in den vorderen Reihen der Anstürmenden an. Der aufgeweichte Boden drosselt das Tempo der Kavalkade, die Reiter mit den besten Pferden eilen den anderen davon, die Marschordnung löst sich auf, Teile des Aufgebotes, wie die Sachsen, deren Ziel eine kleine russische Batterie bei Wachau ist, müssen wegen auftauchender Geländehindernisse und einer unglücklich agierenden französischen Batterie den Angriff zweimal abbrechen, sich sammeln und erneut anreiten. Die Durchschlagskraft der massigen Kolonne schwindet, ehe sie nur ihr Ziel erreicht hat. Der Zusammenprall mit der russischen Infanterie ist dennoch verheerend, die 26 russischen Geschütze schweigen, die Soldaten des Prinzen werden von den französischen Reitern eingekreist und niedergemetzelt. Die rasch eingreifende leichte russische Kavallerie flieht geschlagen in steigender Auflösung nach Güldengossa zu. Die nachdringenden Franzosen gelangen bis auf wenige hundert Schritte in die Nähe der verbündeten Monarchen und ihrer Stäbe, die eilends aufsitzen und sich zurückziehen. Dann werden die Franzosen von einem Graben am raschen Nachdrängen gehindert, russische Kavallerie greift sie an, preußische Reiterei stößt hinzu, eilends aufgefahrene Geschütze nehmen sie unter Feuer. Die Franzosen fluten zurück. Der Durchbruch der Kavallerie ist gescheitert.

Unterdessen sind die Vormärsche der französischen Infanterie weitergegangen. Marschall Macdonalds Versuch, nach der Eroberung des Kolmberges auch Seifertshain und Kleinpösna in seinen Besitz zu bringen, misslingt. Am Abend kann er nur noch das Niederholz gegen die Angriffe der Österreicher behaupten. Der Angriff der Franzosen auf das Dorf Güldengossa hat ebenso wenig Erfolg wie der Versuch, Markkleeberg zu besetzen. Napoleon muss sogar seinen schwankenden rechten Flügel mit einem Teil der Alten Garde verstärken. Derweil beißen sich die Österreicher unter ihrem General Meerveldt weiter die Zähne aus bei dem Versuch, die Pleiße zwischen Connewitz und Lößnig zu überqueren. Als man endlich bei Dölitz einige Geschütze heranbringt und die Polen etwas zurückdrängt, gerät der kommandierende General in Gefangenschaft.

Als die zeitig einbrechende Dunkelheit die Kämpfe im Süden beendet, ist die blutigste Schlacht des Tages geschlagen. Tausende liegen tot auf dem Schlachtfeld oder zum Sterben verteilt in den primitiven Lazaretten, vielen ist nicht einmal das beschieden. Wichtige Geländegewinne hat keine von beiden Seiten vorzuweisen.

Möckern

Die zweite Schlacht jenes 16. Oktober entwickelt sich im Leipziger Norden. Anders als im Süden haben weder Schwarzenberg noch Napoleon hier mit Kampfhandlungen in einem solchen Maße gerechnet – hier kommt es zum einzigen Sieg der Verbündeten an jenem Samstag. Schuld daran ist ein 70-jähriger preußischer General, der das Pensionsalter eigentlich schon

Die Schlacht bei Leipzig, Lithografie, um 1830

längst erreicht hat und dennoch tatendurstiger als manch jüngerer ist – Gebhard Leberecht von Blücher.

Am 16. Oktober hält Napoleon einen Angriff der von Blücher befehligten Schlesischen Armee auf die französischen Kräfte im Norden Leipzigs für so unwahrscheinlich, dass er seinen Marschall Marmont mitsamt dessen Korps in den Südraum zur Unterstützung befiehlt. Schon im Aufbruch befindlich, erhält dieser Nachricht vom Anmarsch Blüchers und entscheidet mit dem Kommandierenden der französischen Nordfront, dem Marschall Ney, das Korps unverzüglich kampfbereit zu machen. Marmonts Truppen, insgesamt rund 19 500 Mann, stehen nun an der Rietzschke bei Eutritzsch bis an die Elster bei Möckern.

Am Morgen hat sich Blücher zum Angriff auf die französischen Stellungen entschlossen und lässt den preußischen General Yorck gegen Lindenthal, russische Einheiten gegen Groß- und Kleinwiederitzsch und einen Teil der Preußen Yorcks gegen Möckern vorrücken.

Nervosität, Anspannung und Todesangst sind auf beiden Seiten der Frontlinie allgegenwärtig. Die Unruhe vor dem, was kommen mag, lässt die Soldaten zu wunderlichem Tun Zuflucht nehmen. Blücher geht auf die Jagd und erlegt in den nahe gelegenen Krautfeldern zwei Hasen. Ein Wachtmeister vom 2. Preußischen Leibhusarenregiment berichtet über den Morgen des 16. Oktober, kurz vor dem Angriff auf Lindenthal:

»Eben waren 2 Wagen voll Hafer und schöner reifer Borstorfer Aepfel angekommen, welche letzteren, da es weder Fleisch noch Brod gab, als willkommene Fütterung für Mann und Roß gefaßt wurden. … Das Regiment war inzwischen auch schon auf dem Marsch und wir trafen mit ihm links nach Leipzig zu auf der Höhe vor Lindenthal zusammen, doch so, dass wir gedeckt standen und nicht bemerkt werden konnten. Verstohlen wurde gefüttert und die Borstorferlast erleichtert. Hinter und neben uns wimmelte es von Truppen, so weit das Auge reichte, und nun wußten wir, dass etwas los sein würde. Im Felde neben uns standen Schäferhürden mit einem hübschen, zweirädrigem Karren mit der hölzernen Hütte, wie sie die Schäfer zum Obdach für sich bei der Herde haben, worin ein Strohlager zur Nachtruhe sich befand. Da wir hier Stunden lang still halten mussten, wurde den Husaren die Zeit zu lang, es war außerdem frisch; sie zündeten den Karren an und fuhren mit ihm in vollem Brande umher. Von den Jägern wurde jetzt die brennende Hütte und die Führer derselben mit Aepfeln bombardiert und dies Spiel noch fortgesetzt, als sich bereits ab und zu ein feindlicher Granatapfel bis zu uns verirrte. Während dem kam General York herangeritten, fragte, was hier los sei? worauf ihm ein Freiwilliger einige aus den Kohlen der abgebrannten Schäferhütte hervorgelangte Bratäpfel auf dem Czackodeckel mit dem Todtenkopfe zum Frühstück präsentierte.«[66]

Dann beginnt die Schlacht. Die entscheidende Stellung der Franzosen ist das Dorf Möckern, das Yorck zunächst mit Artillerie beschießen und dann von der Infanterie angreifen lässt.

Mehrere Male stürmen die Einheiten im Kugelhagel der Verteidiger vergeblich den Ort. Es wird mit einer unglaublichen Verbissenheit gekämpft. Die Preußen wollen unbedingt einen Sieg erringen, die Franzosen, mehrheitlich kampferprobte Eliten, wollen um keinen Preis weichen. Schließlich müssen die Preußen jedes einzelne Haus des Dorfes stürmen und Stück für Stück erobern. Im tödlichen Feuer einer großen französischen Batterie scheint auch das zu misslingen, als die bisher in Reserve gehaltene preußische Kavallerie zur Attacke übergeht und den Gegner endlich zu fluchtartigem Rückzug zwingt.

Mit außerordentlich hohen Verlusten haben die Yorck'schen Truppen jene wichtigen Einheiten im Norden festgehalten, deren Kampfkraft Napoleon für einen erfolgreichen Durchbruch des gegnerischen Zentrums im Süden benötigt hätte. Dem russischen Korps der Schlesischen Armee gelingt am selben Tage nach verlustreichen Kämpfen gegen eine polnische Division unter dem Kommando des polnischen Nationalhelden Jan Henryk Dąbrowski auch die Einnahme der beiden Wiederitzschs. Die Dämmerung beendet die Kämpfe und lässt die erschöpften Soldaten beider Seiten endlich zur Ruhe kommen. Erholsam wird die Nacht nicht. Da man den Feind unmittelbar gegenüber weiß, wird das Anzünden von Wachtfeuern untersagt. Die eiskalten Winde suchen die Preußen mit Schutzwänden abzulenken, die sie aus aufgeschichteten Toten errichten. Zu essen gibt es ohnehin kaum etwas, es ist ein Schlaf der Erschöpfung, der die Überlebenden das Grauen des Tages für wenige Stunden vergessen lässt. Blücher, der die Nacht im Pfarrhaus von Großwiederitzsch verbringt, darf über den einzigen Sieg der Verbündeten an jenem Tage mehr als zufrieden sein. Ein kaiserlicher Adler, zwei Fahnen, mehr als 40 Kanonen, 200 Munitionswagen und mehr als 2 000 Gefangene sind die Beute. Wichtiger aber noch ist, dass hier jene Truppen Napoleons festgehalten wurden, die möglicherweise bei Wachau einen Sieg des Kaisers der Franzosen ermöglicht hätten. Blücher schläft gut.

Lindenau

Eine halbe Stunde von Leipzig entfernt in Richtung Westen wohnen rund 200 Menschen. 40 Häuser umfasst ihr Dorf, das der Ranstädter Steinweg mit der Stadt Leipzig verbindet. Die gepflasterte, gut ausgebaute Straße, die über steinerne Brücken verschiedene Wasserläufe überquert, ist auch der Grund dafür, dass Napoleon und die Verbündeten gleichermaßen an ihrem Besitz interessiert sind. Zudem führt der Weg von Leipzig in Richtung Frankfurt und Erfurt ebenfalls über das Dörfchen. Natürlich gibt es für den einzelnen Fußgänger oder ein Fuhrwerk auch andere Pfade und Wege, um in Richtung Westen voranzukommen, eine ganze Armee aber mitsamt unzähligen Fuhrwerken und Hunderten von Kanonen kann nicht über unbefestigtes Gelände oder Saumpfade bewegt werden. So wird auch der Lindenau genannte Flecken zum Ziel heftiger Kämpfe. Für Napoleon ist es der einzige Weg für den Fall eines notwendigen Rückzuges seiner Armee. Ein ganzes Korps unter dem General Henri-Gatien Bertrand soll ihm den Besitz des Dorfes sichern. Zunächst sind Lindenau, Plagwitz und Leutzsch nur von schwachen französischen Kräften besetzt. Bertrand ist mit seinem Korps noch auf dem Marsch. In Lindenau stehen höchstens zwei Bataillone, in Plagwitz nur eines und Leutzsch kann am Morgen nur einige Kompanien Franzosen zur Verteidigung aufbieten. Da die Hauptaufgabe der Soldaten Napoleons in diesem Frontabschnitt ausdrücklich in der Verteidigung liegt, sie ihren Standort also nicht verlassen werden, richtet man sich ein. Da man sich zudem auf das unwegsame Gelände um Lindenau als zusätzlichen Schutz verlassen kann, wird der einzig mögliche Angriff aus nördlicher

Richtung erfolgen. Vier Schanzen, Erdwälle, werden ausgehoben und mit jeweils mindestens zehn Kanonen bestückt, die die Angreifer empfangen sollen. Schwarzenberg setzt gegen Lindenau ein ganzes Armeekorps unter dem Feldzeugmeister Ignácz Gyulai, Graf von Maros-Németh und Nádaska, ein. Der nähert sich nur unter größter Vorsicht. Der erste Angriff scheitert am Geschützfeuer aus den Schanzen. Die Truppen des österreichischen Generals können zwar Kleinzschocher und Leutzsch besetzen, das zentrale Angriffsziel müssen sie aber im Hagel der Artillerie rasch wieder verlassen. Auch ein zweiter Versuch endet im Rückzug. Inzwischen ist Bertrand mit seinem rund 14 000 Mann starken Korps eingetroffen. Was in den frühen Morgenstunden noch möglich schien, wird jetzt für die Österreicher zur vergeblichen Kraftprobe – Lindenau bleibt in französischer Hand.

Zwischenbilanz

Die einbrechende Dunkelheit beendet alle Kampfhandlungen dieses so blutigen Tages und die Hauptquartiere der Kontrahenten versuchen, aus den eintreffenden Einzelmeldungen ein Gesamtbild zusammenzusetzen. Das fällt bei Napoleon allerdings recht düster aus. Mehrfach teilen ihm seine Korpskommandeure mit, dass an jenem ersten Schlachttag derart viel Artilleriemunition verschossen wurde, dass man wohl kaum eine zweite Schlacht durchstehen könne. Auch wenn ihm seine Kommandeure versichern, dass dem Gegner an keiner Stelle nennenswerte Vorteile gelungen seien, so verbinden sie doch zu oft den Rapport über die erlittenen Verluste mit dem Erstaunen über die erschreckend hohe Zahl der Feinde. Sie scheinen ununterbrochen Verstärkung zu erhalten. Für Napoleon dürfte mittlerweile klar geworden sein, dass er diesmal nicht mit einem Sieg rechnen darf.

Anders in Rötha bei den Verbündeten. Zwar ist man auch hier ob der entsetzlichen Verluste schockiert, kann aber für den kommenden Tag mit dem Eintreffen beträchtlicher Reserven rechnen. Man gibt sich optimistisch, obgleich Schwarzenberg mangels Verbindungen zur Armee Blüchers noch nicht einmal von dessen grandiosem Sieg bei Möckern weiß. Davon erfährt er erst am nächsten Tag, als Blüchers Generaladjutant dem Oberkommandierenden den am Vortage erbeuteten französischen Adler überbringt.

Für die meisten der zahllosen Soldaten signalisiert die hereinbrechende Dunkelheit, eine weitere Nacht auf freiem Felde verbringen zu müssen. Wer Glück hat, kann sich zumindest eine Körperhälfte an einem Wachfeuer wärmen. Die Kälte ist nicht die einzige Unannehmlichkeit, mit der die meist völlig erschöpften Männer zu kämpfen haben. Die meisten von ihnen haben auch nichts zu essen. So erzählt ein sächsischer Artillerist, dass sie am Abend des 17. Oktober ein Brot im Wert von etwa acht Groschen, bestenfalls also drei oder vier Pfund, als Verpflegung erhielten. Es wurde unter insgesamt zwölf Artilleristen und 72 Soldaten des zugehörigen Fuhrparks aufgeteilt.[67]

Die Leipziger selbst waren auch an jenem 16. Oktober noch nicht allzu eng mit den Kämpfen vor den Toren ihrer Stadt in Berührung gekommen. Dass in den Dörfern um die Stadt ein mörderischer Kampf getobt hatte, schlossen sie, wie der Stadtschreiber Gottlob Wilhelm Werner berichtet, freilich nicht nur aus dem fernen Getöse von Kanonen und Gewehren:

> *»Die größte Schwierigkeit war nun jedoch das Unterbringen der Blessirten. Zwar war am Morgen des 16. Octobers in Ermangelung anderer Plätze das wegen der Niedrigkeit seiner Böden unpassende Kornhaus zum Spitale bestimmt, und an sämmtliche Thorschreiber Befehl ertheilt worden, alle ankommende Blessirte dahin zu weisen. Die Hälfte der Nacht vom 16. zum 17. October war jedoch noch nicht verstrichen, und schon war das Kornhaus mit fast 6000 Blessirten, der höchsten Zahl, die möglicher Weise dort über einander zu legen war, überfüllt. Die später ankommenden Blessirten, welche im Kornhause ihr Unterkommen nicht mehr finden konnten, blieben nun ermattet auf der Straße liegen, und an beiden Seiten des Neuen Neumarktes vom Kornhaus herunter, über die Grimmaische Gasse weg nach dem Naschmarkte zu, auf diesem bis an die Börse, wo sich das Lazarethcomité befand, und bis an beide Thüren des Rathauses lagen die Blessirten in so dichten Reihen, daß in der Mitte ein nur ganz schmaler Weg für Fußgänger übrig blieb. … Zwar suchten sich die Blessirten, welche nur noch kriechen konnten, jetzt auf alle mögliche Art zu entfernen und unterzukommen. Aber die schwerer Blessirten wälzten sich in ihrem Blute, und mehrere Todte lagen in wahren Teichen von Blut. An dergleichen scheußliche Anblicke jetzt noch nicht gewöhnt, hatten wir an diesem Morgen keine angelegentlichere Sorge, als dieselben zu entfernen, und die Straße möglichst schnell reinigen zu lassen. An welche Gefühllosigkeit mussten wir uns aber in der Folge gewöhnen, da neun Fourgons, die täglich von früh um 5 Uhr bis zur dunkeln Nacht ununterbrochen fuhren, nicht hinreichten, die Leichen aus den Hospitälern, welche gewöhnlich nackend herausgeworfen wurden, aus der Stadt zu schaffen!«*[68]

Während die erwachsenen Leipziger mit der alltäglichen Not, der Sorge um das Eigentum, die Gesundheit oder gar das Leben zu kämpfen haben, ist das Geschehen weit jenseits jeglichen Erfahrungshorizontes für Kinder und Jugendliche und wie zu allen Zeiten, so auch 1813, vor allem ein spannendes

Grosser National-Ball, kolorierte Radierung, um 1814

Abenteuer. Wie unbeschwert und naiv ein damals 17-jähriger, angehender Student jene Tage in Leipzig erlebt, berichtet der spätere Direktor des Königlichen Bezirksgerichts Leipzig, Dr. Friedrich Salomon Lucius. Lucius bewohnt mit seinen Eltern – sein Stiefvater war Registrator der Universität und Kurator des sogenannten Schwarzen Bretts – Räumlichkeiten in einem zum Fürstenkollegium gehörenden Gebäude der Universität in der Ritterstraße.

»Den 18. October fing schon bei frühem Morgen die Kanonade rings um die Stadt auf das lebhafteste wieder an, dauert bis zum Einbruche der Nacht und war um so schauriger, als die Feuerschlünde offenbar der Stadt nicht viel näher gerückt waren und auch das Kleingewehrfeuer fürchterlich dazuwischen prasselte. Ich stieg zu wiederholten Malen auf den hohen Oberboden unseres Hauses; man sah jedoch vor Pulverdampf nur wenig. Gegen Mittag schlug die erste Granate durch unser Dach; im Laufe des Nachmittages folgten ihr noch zwei, von denen eine in der Küche des über uns wohnenden Maroquinfabrikanten Dietrich explodierte, aber nicht zündete, so daß diese Kugeln überhaupt kein Unglück anrichteten. Aus einigen anderen Stadttheilen aber sahen wir Rauchsäulen aufsteigen. Die nach dem Park zu gelegenen Zimmer, worunter sich das meinige befand, betraten wir gar nicht mehr. Ich war überhaupt größtentheils unten bei den Offizieren, zu denen heute noch etwa 18 bis 20 gefangene Russen und Preußen kamen, so daß ihre ganze Anzahl etwas mehr als 40 betragen mochte. Sie wurden Abends wieder

mit Mehl- und Graupen-Suppe aus unserer Küche gespeist – Brod hatten wir selbst nicht mehr, und die Mutter fing heute an, eine Art Semmel im Bratofen zu backen. Nachdem es dunkel geworden war und die Kanonade aufgehört hatte, stieg ich mit dem Vater und dem Oberstlieutnant Kaufmann noch einmal auf den oberen Dachboden, von wo aus wir denn sowohl in der Vorstadt, als vor der Stadt, soweit das Auge reichte, nichts als unzählige Wachtfeuer, dazu aber mehrere brennende Dörfer sahen. Der Vater sagte seufzend: ›Und morgen wird die Stadt in Flammen aufgehen!‹ Sehr sorgenvoll legten wir uns zur Ruhe und fanden nur wenig Schlaf. Am 19. October früh 8 Uhr schlugen unsere Hessen Appell; die gefangenen Offiziere mussten antreten und wurden in Kenntniß gesetzt, daß sie fortgebracht werden sollten. Der commandierende Offizier wußte nur, daß er sie nach der Esplanade (jetzigem Königsplatze) transportieren und da einem französischen Colonel übergeben sollten. Meine Freundschaft zu den Österreichern … war so groß geworden, daß ich beschloß, sie zu begleiten und die Aeltern willigten darein, weil Niemand glaubte, daß man die Gefangenen aus der unseres Wissens von allen Seiten umzingelten Stadt werde bringen können. … So breit die Promenade und der daneben hingehenden Fahrweg war, drängte und rückte sich ein fürchterliches pêle-mêle nach Westen zu: Infanteristen, Reiter, Kanonen, Pulverwagen, Proviantwagen, Feldschmieden, Ambulanzen, Wagen mit Blessirten, Kutschen mit Damen und Kindern, Rindviehherden mit ihren Treibern, Marketenderinnen mit ihren Karren – alles das strebte in wildester Unordnung nach vorwärts und kam doch kaum vom Flecke, da sich die Masse häufig stopfte, öfters ein Wagen oder ein Stück Vieh stürzte, manchmal auch eine Gendarmerie-Brigade Ordnung herstellen wollte und dadurch die Unordnung und den Aufenthalt nur noch vermehrte. Wie wir, d.h. die gefangenen Offiziere und ich, aus den Händen der Hessen in die eines französischen Commando's übergingen, das bemerkte ich nicht, die Franzosen escortirten einige Hundert gemeine Gefangene von den alliirten Truppen, welche bisher auf dem Gottesacker eingesperrt gewesen waren, und diesen schloß sich unser Zug an. Es war die größte Unbesonnenheit von mir, daß ich nicht sogleich am Petersthore wieder umkehrte, wo es noch recht gut gegangen wäre; aber die Aufregung, in welche auch mich der Anblick dieser Flucht der französischen Armee versetzte, war wohl Schuld, daß ich gar nicht an das Umkehren dachte. … erst, als der Zug mit der rechten Schulter vor nach dem Steinwege einbog, wo dann das Gedränge noch weit fürchterlicher wurde, dachte ich an das Umkehren. … Als ich nun aus dem Zuge mich entfernen und versuchen wollte, zurückzukommen, erhielt ich eine französischen Kolbenstoß und ward mit einem derben Fluche belehrt, daß ich weiter zu marschiren hätte. Alle Vorstellungen waren vergeblich, bis endlich ein französischer Divisionsgeneral, der zu Pferde bei uns vorbeikam und dem, nachdem ich ihn angerufen hatte, alle Offiziere ihr Ehrenwort gaben, daß ich nicht zu ihnen gehöre, sich meiner annahm und, als er an die Spitze unseres Zuges gekommen war, den Befehl auswirkte, daß ich entlassen werden könne. Während dem waren wir aber schon vielleicht 150 Schritte in den Ranstädter Steinweg hineingekommen und es schien fast eine Unmöglichkeit, daß ich der Retirade entgegen mich durchdrängen könne. … Meine damalige große Magerkeit kam mir etwas zu Statten; die Verzweiflung lieh mir Kräfte und so gelang es mir doch nach und nach, mich bis auf den Fleischerplatz durchzuarbeiten. … Ich arbeitete mich nun weiter nach dem Petersthore zu, denn das Barfuß- und das Thomaspförtchen waren geschlossen. … Je näher ich dem Petersthore kam, desto mehr verminderte sich das Gedränge; aber ich hörte nun auch schon sehr nahe das vom Grimmaischen Thore herkommende Kleingewehrfeuer. Zu meinem großen Schrecken war auch das Petersthor gesperrt. Ich stellte mich vor das Gatter an der Brücke und schrie aus Leibeskräften: »Hülfe! Einlaß!« Lange war dieß vergebens und das Tirrailleurfeuer kam immer näher! Endlich gukte durch das Pförtchen am Thore ein Stadtsoldat – es war Bley, der alte ehrwürdige Bley, der Freund meiner Kinderzeit! Ich rief ihn an und bat ihn um Gotteswillen, mich einzulassen. Er sprach einige Augenblicke mit der französischen Wache – Gott weiß, wie er sich derselben verständlich gemacht hat, denn französisch parliren hatte er in seinem Leben nicht gelernt! – und kam denn auch wirklich mit dem Schlüssel zum Gatter gelaufen und ließ mich ein! Ich lief, ohne mich umzusehen, durch die ziemlich leeren Straßen bis zur Grimmaischen Gasse … so daß ich ohne weiteres Ungemach durch und kurz vor 1 Uhr nach Hause kam … Kaum hatte ich einige Bissen gegessen, so hörten wir die Trommeln und Trompeten der in die Stadt einrückenden alliirten Truppen. Da war nun freilich kein Halten mehr; ich zog nur einen anderen Rock an für den, welchen ich den Vormittag getragen und der eine Menge Risse und Löcher erhalten hatte und dann eilte ich, eben so aber auch der Vater und mein Bruder, wieder fort, um den Einmarsch mit anzusehen und den einziehenden Siegern jubelnd zuzurufen.«[69]

17. Oktober

Feuerpause

Nicht weil es ein Sonntag ist, sondern weil beide Seiten auf das Eintreffen von Verstärkung warten, unterbricht der 17. Oktober das Toben der Schlacht. Bei den Verbündeten trifft eine ganze Armeeabteilung der Österreicher, nebst einer russischen Division, der sogenannten Reservearmee ein. Nicht zuletzt langt auch der schwedische Kronprinz mit seiner Armee bei Breitenfeld an. Napoleon gewährt seinen Soldaten einen Tag der Ruhe, lässt sie zwar in Schlachtordnung antreten, greift aber nicht an.

Weniger geruhsam geht es beim Blücher'schen Heer zu. Dort weiß man noch nicht, dass man sich im Hauptquartier auf das Abwarten der Verstärkung verständigt hat. Ehe der preußische General die Nachricht erhält, dass man erst am kommenden Tage die Schlacht fortzusetzen gedenke, gelingt es noch Einheiten der Schlesischen Armee, das rechte Partheufer mit Gohlis und Eutritzsch zu besetzen. Dann bricht Blücher das Gefecht ab.

Immer problematischer wird die Versorgung der unzähligen Soldaten um und vor allem auch in der Stadt. Zu Friedenszeiten bringen die Bauern aus den Dörfern rund um Leipzig Nahrungsmittel und Getreide in die Stadt. Seit Tagen nun hat sich kein Bauer mehr auf dieses Wagnis eingelassen. Die Leipziger haben zwar gehortet und versteckt, was immer möglich war, doch beginnt der Mangel allmählich, spürbar zu werden. Fleisch ist, wie aus mehreren Berichten zu erfahren ist, zunächst genügend vorhanden. Die Franzosen haben das geplünderte Vieh in Herden in die Stadt getrieben und verkaufen es zum Schnäppchenpreis. Doch insbesondere Brot, viel mehr noch als heute die Grundlage der täglichen Ernährung, wird langsam knapp. Ein Bäckergeselle berichtet:

»Ich stand zu jener Zeit auf dem Peterssteinwege … bei dem Bäckermeister Karl Weigelt in Arbeit. Seit längerer Zeit durften die hiesigen Bäcker nur heimlich … in der Nacht etwas Gebäck aus Weizenmehl für ihre Kunden fertigen, indem in allen Backhäusern französische Bäcker eingelegt waren und nur Brod für die Soldaten unter ihrer Aufsicht gebacken werden durfte, zu welchem der Rath Mehl und Holz lieferte. So hatte sich auch in dem Hause meines Meisters, so wie in allen Backhäusern eine große Masse Brod angehäuft, wohl an die zweitausend Stück zu 6 Pfund, ohne daß es abgeholt worden wäre, obgleich die vom Kampfe ermatteten Krieger den größten Mangel litten.

Zum Schutze dieser Vorräthe waren bei jedem Bäcker drei bis vier Mann Schutzmannschaft gelegt worden … Am 16. Oktober war die Gattin des Herrn Weigelt am Nervenfieber gestorben und die Leiche stand im Alkoven einer Parterre befindlichen Stube, deren Fenster auf die Straße ging. Auf einmal bemerken wir mitten in der Nacht des 17. Octobers, daß das ganze Backhaus mit französischen Soldaten aller Waffengattungen angefüllt ist, welche eifrig damit beschäftigt waren, Brod in Säcke, Tornister und dergleichen zu bergen und wohl schon mehrere hundert Stück fortgetragen hatten, ohne sogleich zu wissen, wie dieselben in's Haus gekommen waren, da die Hausthüre verschlossen war. Wir holten sogleich die im Nebenzimmer verweilende Schutzmannschaft herbei, welcher es auch gelang, theils durch Zureden, theils durch Gewalt die Eingedrungenen wieder zu entfernen. Sie waren nämlich nach Erbrechung der Fensterladen durch dieselbe Stube in's Haus gedrungen, in welcher im Alkoven die Leiche lag. Die Sauvgarde stellt Licht in diese Stube, lud ihre Gewehre und drohte auf jeden Feuer zu geben, wer noch einmal versuchen würde, durch das Fenster einzusteigen, welches wegen der zerbrochenen Fensterladen nicht wieder verschlossen werden konnte. … Es fand sich auch später, das die über die Leiche geschlagenen Tücher, so wie der Deckel des Sarges von den eingedrungenen Franzosen in dieser Nacht geraubt worden waren.«[70]

Mit dem Eintreffen der russischen Reservearmee, der Nordarmee Karl Johanns von Schweden und weiterer 28 000 Österreicher erlangen die Verbündeten nun eine erdrückende Übermacht. Napoleon zieht unterdessen seine Truppen während der Nacht zum 18. Oktober enger und beinahe kreisförmig um die Stadt zusammen und trifft angesichts der bedrohlichen Lage bereits Maßnahmen zur Sicherung eines eventuellen Rückzuges. Bagagewagen, Armeebeamte und sonstiges an Menschen und Fuhrwerken der französischen Armee Verzichtbare schiebt, rumpelt und drängt sich schon seit dem frühen Morgen über den Ranstädter Steinweg Richtung Westen, fort aus Leipzig. Derweil macht man in Richtung Probstheida ein den Nachthimmel erleuchtendes Feuerwerk aus und kann sich partout keinen Reim darauf machen. Trotz der noch ausstehenden Entscheidung dürften die Franzosen doch wenig zu feiern haben? Seit 2 Uhr verbrennen diese bei Probstheida rund 200 leere Pulverwagen, die sie auf dem Rückzug weder mitnehmen noch dem Gegner zur Nutzung überlassen wollen. Ganz leer waren sie wohl nicht alle und so begrüßt manch heftige Explosion den grauenden Tag. Nur etwa noch 160 000 Mann und 630 Geschütze stehen Napoleon an diesem Tag gegen jetzt 295 000 Verbündete mit 1 360 Geschützen zur Verfügung.

18. Oktober

Auf dem Siedepunkt

Napoleons Armee steht am Montagmorgen mit ihrem rechten Flügel, der sich an die Pleiße lehnt, bei Connewitz, Probstheida und Stötteritz. Die Dörfer Dölitz, Dösen und Zuckelhausen sowie die Schäferei Meusdorf, die vor dieser Linie liegen, halten französische Einheiten ebenfalls besetzt. Das französische Zentrum liegt bei Holzhausen und Zuckelhausen, in Baalsdorf und Kleinpösna stehen aber ebenfalls französische Truppen. Von Napoleons Befehlsstand, der Quandt'schen Tabaksmühle, bis nach Stötteritz stehen die Einheiten von Infanterie und Kavallerie der Alten Garde. Der linke Flügel erstreckt sich über Schönefeld, das heutige Thekla und Paunsdorf. Im Norden Leipzigs verteidigen die Kavallerie des Generals Arrighi und Dombrowskis Polen auf einer Linie von Pfaffendorf bis zur Scharfrichterei beinahe schon die Stadtmauern. Das Areal westlich von Leipzig ist dank des gescheiterten Angriffs der Österreicher auf Lindenau im Wesentlichen in französischer Hand und steht als Rückzugsgebiet zur Verfügung.

Dagegen formiert Schwarzenberg sein gesamtes Heer in sechs Kolonnen zum Angriff. Seine Hauptkräfte setzt der Fürst wiederum im südöstlichen Frontabschnitt ein.

Die erste Kolonne rückt, die Kräfte in zwei Treffen gestaffelt, zwischen Dösen und Lößnig vor. Markkleeberg, Dösen, Dölitz und Lößnig fallen endlich in die Hand der Österreicher. Vor allem um Dölitz wird mit äußerster Verbissenheit gerungen. Insbesondere den geschickt geführten Polen ist es zu danken, dass Schwarzenbergs Truppen hier nicht weiter als bis kurz hinter Dösen vordringen können.

Die Kräfte der zweiten Kolonne gehen von Güldengossa aus auf Liebertwolkwitz und Wachau vor, wo sie rasch bis auf Probstheida und die Schäferei Meusdorf vordringen. Die Schlüsselstellung Napoleons in diesem Abschnitt ist das Dorf Probstheida, das von den Franzosen für die Verteidigung gut ausgebaut worden ist. Gegen 14 Uhr beginnt der erste Angriff russisch-preußischer Truppen. Mehrfach stürmen sie gegen die von Lehmmauern umsäumten Gehöfte – die sich hervorragend zur Verteidigung eignen –, dringen bis ins Dorfinnere vor und werden von den Franzosen zum Rückzug gezwungen. Als diese schließlich ihre Ultima Ratio, die Alte Garde, einsetzen, geben die Monarchen, die die erfolglosen Bemühungen ihrer Truppen beobachten, den Befehl, die Angriffe einzustellen.

Ernst Wilhelm Straßberger, Napoleon an der Quandt'schen Tabaksmühle in der Völkerschlacht bei Leipzig am 18. October 1813, Feder in Grau über Bleistift, grau laviert, um 1850

Mit ihrer dritten Kolonne greifen die Verbündeten, nach der Besetzung Kleinpösnas, erst gegen 14 Uhr in die Schlacht ein. Zuckelhausen wird erobert, der Vormarsch aber hier gestoppt – Probstheida befindet sich immer noch fest in französischer Hand. Eine andere Abteilung dieser Kolonne kann den Franzosen nach zähem Ringen Holzhausen entreißen. Bis vor Stötteritz dringen Österreicher und Russen vor, während Baalsdorf und Zweinaundorf ebenfalls erobert werden und man die Angriffe auf Paunsdorf konzentriert.

Die Nordarmee des schwedischen Kronprinzen, verstärkt um ein Korps Blüchers, bildet die vierte Angriffskolonne. Blüchers Korps wendet sich gegen die französische Artillerie an der Theklakirche und gegen Taucha. Bei Mockau wird die Parthe überschritten und auf Schönefeld vorgerückt. Hier gehen die ersten sächsischen Einheiten, ein Husaren- und ein Ulanenregiment, zu den Verbündeten über. Schließlich gelingt es russischen Truppen, Schönefeld im Sturm zu erobern. Nach übereinstimmenden Berichten ist der Kampf hier derart heftig, dass man ihn ohne Weiteres mit dem beim Sturm auf Möckern vergleichen kann:

> *»Von der Ostseite des Dorfes rückten die Schweden mit reitender Artillerie und 20 Kanonen an. Es entstand Nachmittags zwischen 3 bis 5 Uhr die fürchterlichste Kanonade, da die Schweden Kanonen vom größten Kaliber mit sich geführt haben sollen. Betäubte das Ohr der schreckliche Kanonendonner, so war das in seiner ganzen Länge im Feuer stehende Dorf Schönefeld ein grausender Anblick für unsere Augen. Der Feind ließ den Herrenhof*

anzünden und die Flamme ergriff die Kirche, die Pfarrwohnung und andere Häuser. Doch man sagt auch, das die Verbündeten die Kirche durch eine Granate in Brand geschossen hätten, um die auf dem Kirchthurme zur Beobachtung des Schlachtgewühls aufgestellten Offiziere zu vertreiben. Da Niemand löschen konnte, so brannten diese Gebäude bis auf die Mauern ab und die übrigen Häuser wurden von der Südseite her von französischen Batterien beschossen, so daß Feuer und Geschoß beinahe das ganze Dorf zerstörte: ein kleines Gut, drei Gartenhäuser und sechs sehr verwüstete kleine Häuser bleiben übrig; alles andere lag in Schutt und Graus begraben.«[71]

Auf dem rechten Flügel der Kolonne gelingt es, Taucha zu erobern, gegen Mittag auch Paunsdorf, später noch Stünz und Sellerhausen. Bei Paunsdorf kommt auch eine ganz neue Waffe zum Einsatz – Brandraketen. In Ostindien waren die Engländer mit einer einheimischen Truppe in Berührung gekommen, die brennende Raketen gegen die Kriegselefanten des Gegners schossen. Wenig später mussten die Engländer am eigenen Leib erfahren, dass die fliegenden Ungetüme auch gegen Infanterie und Kavallerie wirksam waren. Nach England heimgekehrt, begann ein Oberst, mit eigenen Raketenmodellen zu experimentieren. Er entwickelte eine metallene Röhre mit Stabilisierungsstab, die, über ein Gestell abgeschossen, ins Lager des Gegners fliegen konnte und dort explodierte. Der mit Harzen, Pech und ähnlichen leicht entzündlichen klebrigen Stoffen gefüllte Flugkörper setzte beim Aufschlag die ganze Umgebung in Brand. Wenige Jahre später begann die Ausrüstung englischer Kriegsschiffe mit der neuen Waffe, und 1807 demonstrierte sie mit der fast völligen Einäscherung der gegnerischen Flotte im Hafen von Kopenhagen ihre Wirksamkeit auf grausame Weise. Nach weiteren Experimenten entstand auch eine Raketenwaffe für den Landkrieg, die als »Erprobungsmodell« im Juni 1813 unter dem Captain Richard Bogue zur Nordarmee Karl Johanns von Schweden verschifft wurde. Bei Paunsdorf setzt Karl Johann die Waffe das erste Mal in der Völkerschlacht ein. Wenig später wird der englische Befehlshaber der Batterie erschossen. Sein Grab befindet sich noch heute auf dem Tauchaer Friedhof. Ein zweites Mal kommen die Raketen beim heftigen Beschuss der französischen Artilleriestellung auf dem Höhenzug zwischen Schönefeld und Volkmarsdorf zum Einsatz. Gemeinsam mit russischen und schwedischen Geschützen zwingen sie die französischen Batterien zum Zurückweichen.

Am 16. Mai 1815 wird der Kronprinz Karl Johann der »The 2nd Rocket Troop, R. H. A.« in Anerkennung ihrer geleisteten Dienste erlauben, den Namen Leipzig künftig auf schwedisch blau-gelbem Grund zu tragen. Bis heute existiert eine Nachfolgeeinheit der englischen Artillerie mit diesem Truppenkennzeichen.

Friedrich Arnold, Probstheida 18. Oktober 1813, Pinsel in Braun über Bleistift, 1838

Nicht nur die fauchenden Raketen machen die Kämpfe um Paunsdorf so erwähnenswert. Hier verlässt auch ein beachtlicher Teil der sächsischen Truppen die Adler Napoleons.

Eine ganze Anzahl sächsischer Offiziere fragt sich angesichts des aussichtslosen Kampfes seit Längerem, ob sie immer noch auf der richtigen Seite des Schlachtfeldes stehen. Der Kampf gegen die Truppen mehrerer deutscher Staaten, der zudem verloren scheint, bringt sie in ein moralisches Dilemma. Bereits am Vormittag sind zwischen Schönefeld und Mockau die sächsische Kavalleriebrigade und ein leichtes Infanteriebataillon zu Blüchers Truppen übergelaufen.

Ähnliche Fragen wie die Sachsen stellt sich auch der württembergische General Karl Graf von Normann-Ehrenfels, dem sein König eingeschärft hat, seine Truppen zu schonen und sicher nach Hause zu bringen. Geht die Sache verloren, sollen sie nicht mit Napoleon zurückgehen. Vor Taucha steht Normann mit seinen 556 Mann zwischen zwei angriffsbereiten russischen Kavallerieeinheiten und ist auf sich allein gestellt. Einen Vorgesetzten kann er nicht mehr konsultieren und entscheidet selbst. Mit all seinen Leuten und nur noch einem funktionsfähigen Geschütz geht er zu den Kosaken des Grafen Matwej Iwanowitsch Platow über, lehnt aber eine weitere Teilnahme an der Schlacht ab.

Unterdessen hat sich gegen 15 Uhr auch ein Teil der sächsischen Offiziere bei Paunsdorf entschieden. Ein sächsischer Oberkanonier berichtet über das Geschehen:

»Ein fürchterlicher Kugelregen, dem wir von Seiten der Oestreicher und Russen ausgesetzt waren, nöthigte uns zum Weichen, doch mussten wir bald wieder vorwärts und auch sie mit unserem Feuer begrüßen. Es regnete gleichsam Kugeln und Granaten um und neben uns. … In diesem nur mit wenigen Unterbrechungen stattfindenden Kanonenfeuer blieben wir ohngefähr bis Nachmittags 2 Uhr, wo es etwas nachließ, nachdem dieser Kugelregen viele von uns hinweggerafft hatte … In derselben Zeit hatten sich mehrere französische Generale in der Nähe unserer Batterien zu Fuße versammelt, so wie auch von sächsischer Seite mehrere Stabsoffiziere, die sich, wie es schien, stritten, ihre Taschenuhren in den Händen hatten, und immer, wie unter uns darüber gesprochen wurde, auf 3 Uhr gezeigt haben sollen. Nähern Aufschluß konnten wir uns hierüber jedoch nicht verschaffen, in was ihr gegenseitiger starker Wortwechsel bestanden haben konnte. … Wir erhielten befehl das Geschütz aufzuprotzen, machten damit ›rechts umkehrt‹ und avancierten so, was wir nur laufen Konnten, auf den Feind los. Als wir athemlos, was die Pferde nur noch leisten konnten, einige tausend Schritte zurückgelegt hatten, kamen mehrerer Regimenter Kosaken auf uns zu gesprengt, die, als sie sich uns näherten, ein Freudengeschrei ausstießen, zwischen uns durchsprengten, um uns, die wir, wie wir nun sahen, zu dem Feinde übergingen, den Rücken zu decken, da die Franzosen, die unser Vorhaben nun errathen haben mochten, ein mörderisches Feuer hinter uns drein gemacht haben sollen.«[72]

Zunächst glauben die Franzosen an einen erneuten verwegenen Angriffsversuch ihrer Bündnispartner, ehe sie erkennen, dass die von einem sächsischen Offizier bereits informierten feindlichen Truppen die Entgegenkommenden freundlich begrüßen. Die Infanterie der ersten sächsischen Brigade folgt den Geschützen und auch die zweite Brigade setzt sich in Bewegung. Der Kommandierende des sächsischen Kontingentes, General Heinrich Wilhelm von Zeschau, will noch an ein Missverständnis glauben:

»Ahnend, was vor sich gehen sollte, jagte ich auf Ryssel [Anton Friedrich Karl von Ryssel kommandierte im Range eines Generalmajors eine sächsische Brigade] *zu und stellte ihn seines eigenmächtigen Verfahrens wegen zur Rede. Er antwortete mit klaren Worten, daß er mit seinen Truppen überzugehen entschlossen sei. Nach einem kurzen, sehr lebhaften Wortwechsel, wobei ich ihm sagte, daß er zu befehlen aufgehört habe, schien mir das Wichtigste zu sein, die Bewegung der Truppen zu hemmen. Ich befahl daher dem Bataillon Prinz Friedrich, Halt zu machen und ohne meinen Befehl sich nicht vom Platze zu entfernen, und ebenso eilte ich zur zweiten Brigade zurück, kommandierte selbst: Halt! Gewehr beim Fuß! und übergab dem Major v. Holleufer das Commando der Brigade.«*[73]

Während sich der verzweifelte General wieder der anderen sächsischen Brigade zuwendet, von der er einen Teil auch wirklich zurückführen kann – wo sie aber in die Schusslinie der englischen Brandraketen gerät –, dringen die russischen Reiter vor, treiben die fliehenden Franzosen zurück und nehmen dabei das untätig im Halt stehende sächsische Bataillon gefangen, das betont, nicht zu den Überläufern zu gehören. Die Russen haben nun zwei Sorten Sachsen in ihren Reihen. Die Übergelaufenen und die Gefangengenommenen. Daneben gibt es noch jene Sachsen, rund 600 Mann, die bei den Franzosen verblieben sind. Diese lässt der Korpskommandant erst einmal sicherheitshalber in die Stadt verlegen.

Der Übergang der Sachsen bei Paunsdorf erfolgt nicht, ohne dass die Offiziere zuvor versucht haben, das Einverständnis des sächsischen Königs für diesen Bündniswechsel auf dem Schlachtfeld einzuholen. Der kommandierende General Heinrich Wilhelm von Zeschau schickt nach heftigen Diskussionen im Offizierskorps einen Hauptmann nach Leipzig, der dem König von der Lage berichten und um Zustimmung zum Seitenwechsel bitten soll. Gegen 14 Uhr sind Hauptmann und königliche Antwort auf dem Schlachtfeld eingetroffen:

> *»Ich habe stets Vertrauen in meine Truppen gesetzt und thue es in dem gegenwärtigen Augenblicke mehr als jemals. Die Anhänglichkeit an meine Person können mir solche nur durch Erfüllung ihrer Pflichten beweisen, und ich bin von Ihnen gegenwärtig, daß Sie Alles anwenden werden, um selbige dazu anzuhalten«*[74],

so schreibt der König sibyllinisch an seinen General. Da dieser seinen Souverän besser kennt als wir, weiß er, dass sein Landesfürst am einmal eingegangenen Bündnis festhalten will. Einige Offiziere interpretieren die Haltung Friedrich Augusts als geschicktes Manöver, angesichts der ihn überwachenden Franzosen den Offizieren die Entscheidung, das Richtige zu tun, zu überlassen. Insgesamt sind es gegen 3 000 Soldaten, die, von ihren Offizieren geführt, überlaufen. Wie aus dem oben zitierten Bericht des Artilleristen Friedrich August Böhme deutlich wird, ist das Überlaufen vor allem eine Entscheidung der Offiziere. Die Ansicht der Soldaten, die erst im Moment des Seitenwechsels bemerkten, was vorgeht, interessiert in diesem Zusammenhang nicht. Napoleon verübelt den bisher so verlässlichen sächsischen Soldaten ihr eigenmächtiges Tun und schiebt ihnen später gar die Schuld am Verlust der Schlacht zu. Noch Jahrzehnte später charakterisieren Franzosen einen Abtrünnigen mit dem Ausspruch »c'est un Saxon«.

Die schlesische Armee, um das an Karl Johann abgetretene russische Korps vermindert, bildet die fünfte Kolonne. Deren eines Korps kämpft längs der

Parthe, bei Gohlis und dem Rosental, das andere zwischen Gohlis und Eutritzsch. Die Truppen sind durch die furchtbaren Kämpfe des 16. Oktober derart erschöpft und dezimiert, dass Blücher sie an diesem Tage nicht bis zum Äußersten treibt. Gegen Mittag wird ein vergeblicher Angriff auf das Gerbertor unternommen und dabei das Vorwerk Pfaffendorf mitsamt dem Lazarett in Brand gesetzt. Als bekannt wird, dass die französische Armee beginnt, sich den Rückzugsweg in Richtung Westen zu öffnen, entsendet Blücher die Reste des Korps Yorck nach Merseburg, um den Gegner beim Rückzug zu behindern.

Die letzte, sechste, Kolonne der Verbündeten ist mit etwa 20 000 Mann zugleich die schwächste. Wie schon am 16. Oktober ist es erneut der ungarische Adelsspross Graf Gyulai, der den Angriff Richtung Westen führt. Ihm ist klar, dass Napoleon nach dem bisherigen Verlauf der Schlacht noch größeren Wert auf die Sicherung des einzig möglichen Rückzugsweges für seine Armee legen wird. Und tatsächlich hat der Kaiser der Franzosen die Truppen des Generals Bertrand verstärkt. Neben seinen kampferprobten Männern stehen an diesem Tag auch zwei Divisionen Elitesoldaten der Jungen Garde bereit, die den Schutz der Straße über Lindenau übernehmen, als Bertrand nach Weißenfels dirigiert wird, um dort den Übergang über die Saale für einen möglichen Rückzug zu sichern. Während Gyulai zunächst wenig Lust verspürt, seine Männer in einer Neuauflage des 16. Oktober zu opfern, drehen die Franzosen den Spieß um. Als die Einheiten der Garde eintreffen, gehen sie ihrerseits zum Angriff über. Gyulai muss Klein- und Großzschocher aufgeben und kann nur durch das Abbrennen der Brücke bei Schleußig die nachdrängenden Gegner stoppen. Als die zuvor sorgsam mit pechgetränktem Werg umwickelte hölzerne Brücke in Flammen aufgeht, steht noch ein ganzes österreichisches Bataillon auf der falschen Seite der Elster. Als Gefangene der Franzosen ist für die Soldaten dieses Bataillons die Schlacht um Leipzig bereits jetzt zu Ende. Bertrand kann seine Einheiten nun unbeschadet nach Weißenfels verlegen.

Noch eine Zwischenbilanz

Als die sinkende Sonne die Schlacht beendet, ist zumindest einer sehr zufrieden – Schwarzenberg. Er hat seine Truppenführer zur Lagebesprechung auf den Monarchenhügel geladen, wo sich immer noch der Zar und der preußische König aufhalten. Die Meldungen, die den obersten Heerführer der Verbündeten erreichen, sind fast ausnahmslos positiv. Der kommende Tag muss den Sieg bringen. Immerhin hat man noch rund 100 000 Mann zur Verfügung, die in der Schlacht noch keinen einzigen Schuss abgefeuert haben. Dass Napoleon bis auf einige Teile der Alten Garde keinerlei Reserven mehr hat, weiß bei den Verbündeten zwar niemand, doch sprechen die sich zum Rückzug formierenden Truppen des Gegners eine deutliche Sprache. Schwarzenberg befiehlt, am nächsten Tag die Schlacht fortzuführen und mit der Erstürmung Leipzigs das blutige Kapitel zu beenden. Sowohl der Zar als auch Blücher plädieren auf dem Monarchenhügel dafür, unverzüglich auch Truppen in Richtung Westen zu schicken, um den Rückzug Napoleons zu erschweren, zumindest aber massiv zu behindern. Sie können sich im Rat nicht durchsetzen. Fast scheint es, als solle eine endgültige Vernichtung Napoleons auf dem Leipziger Schlachtfeld vermieden werden.

Der so Geschonte hat den Tag fast vollständig an der Tabaksmühle des Leipziger Kaufmanns Johann Gottlob Quandt verbracht. Wie der Monarchenhügel liegt sie etwas höher als das ansonsten recht platte Leipziger Umland und bietet daher einen guten Beobachtungspunkt für einen schlachtenlenkenden Feldherrn. Gegen 17 Uhr akzeptiert Napoleon die Niederlage und befiehlt, mit dem Rückzug aus Leipzig zu beginnen. Wie lange zuvor er sich schon sicher war, die Schlacht nicht mehr gewinnen zu können, mag man nur vermuten, geahnt haben wird er es schon am Abend des 16. Oktober. Ein wichtiger Augenzeuge ist der Postillon Johann Gottfried Gabler, der wegen seiner Ortskenntnis Napoleon in den Tagen der Schlacht persönlich als Führer durch die Umgebung Leipzigs dient. Er berichtet über den Nachmittag des 18. Oktober:

> *»Gegen 12 Uhr Mittags ritt der Kaiser von der Tabaksmühle aus gerade über an den Batterien herauf bis an den Gasthof von Probstheida, wo er den König von Neapel sprach, der hinter einem brennenden Stalle stand. Hier gingen die Kanonenkugeln immer über das Haupt des Kaisers und seiner Begleiter hinweg. Von hier ritt der Kaiser denselben Weg nach der Mühle wieder herunter und blieb hier wieder bis halb 2 Uhr. Nun wollte er nach Schönefeld … Nachdem er einige Worte mit dem Marschall Marmont gesprochen, ritt er wieder nach der Mühle zurück, von wo aus er wieder zum König von Neapel ritt und denselben hart bedrängt fand. Allein die Franzosen waren nicht eine Hand breit gewichen. … Nach Ablauf einer Stunde kam der König von Neapel zum Kaiser. Es dunkelte. Ein kleines Wachtfeuer ward auf Befehl des Kaisers angebrannt. Allein bald nach seinem Auflodern kam eine Granate geflogen und wühlte sich ganz in der Nähe des Kaisers (etwa eine halbe Elle von ihm entfernt) in die Erde. Gabler wollte die zerstörte Flamme wieder anbrennen und brachte Stroh und Reisig; allein nur wenige Schritte vom Feuer stehend, schlug eine zweite Granate ein und löschte das Feuer vollends aus. Der Kaiser blieb ganz ruhig und betrachtete sinnend die Kugel, das Feuer wurde nun nicht wieder angezündet. In dem Augenblick, das diese beiden Granaten einschlugen, stand auch der König*

von Neapel in der Nähe des Kaisers. Das Kanonenfeuer wurde nun schwächer und die Wachtfeuer erhoben sich an allen Orten zu Tausenden …«[75]

Am frühen Abend verlässt der Kaiser die Ruine der Tabaksmühle und begibt sich nach Thonberg, wo er übernachten will. Allein, auch für den Kaiser der Franzosen lässt sich hier kein Quartier mehr auftreiben. Zu voll sind alle Häuser von den jämmerlich Verstümmelten der tagelangen Metzelei. Napoleon nächtigt schließlich im Hôtel de Prusse am Leipziger Rossplatz. Viel Schlaf bekommt er jedoch nicht. Den größten Teil der Nacht arbeitet er an der Organisation der weiteren Bewegungen seiner immer noch riesigen Armee, die er nun möglichst unbeschadet in sichere Gefilde bringen will.

Wenig Schlaf bekommt auch noch ein anderer Monarch in Leipzig. Der sächsische König Friedrich August I. logiert im Thomä'schen Haus am Markt und harrt des Endes der Schlacht. Der Befehlshaber des sächsischen Kontingentes auf Seiten Napoleons, General Heinrich Wilhelm von Zeschau, begrüßt seinen Souverän mit den Worten: *»Zu Ew. Majestät komme ich in diesem Augenblicke zwar mit der Ueberzeugung, meine Pflicht erfüllt zu haben, aber von dem mir anvertrauten Corps bringe ich nur Wenige zurück!«* In der Antwort des Königs *»Desto größer ist der Werth Derer, die treu blieben!«* schwingt auch die Enttäuschung über seine Offiziere mit – von den Soldaten redet in diesem Zusammenhang natürlich keiner, sie haben ihrem Offizier zu folgen und keine eigene Meinung zu haben. Selbstverständlich ist hier nicht etwa von zahlreichen Gefallenen des sächsischen Korps die Rede, sondern von den während des Tages übergelaufenen Fahnenflüchtigen. Der sächsische Generaladjutant Gottlob Siegmund von Bose berichtet über den Abend jenes Tages, dass man gegenüber dem sächsischen König seitens der Franzosen noch etliche Stunden nach Beginn des Rückzuges die Illusion einer gewonnenen Schlacht aufrechterhalten will: *»… selbst um 8 Uhr Abends schickte der Herzog von Bassano noch einen Offizier an den König, um ihm die Nachricht zu bringen, daß der Gewinn der Schlacht außer Zweifel ist, sowie, daß die Verbündeten den Rückzug in der Nacht unfehlbar antreten würden.«*[76] Da aber kann angesichts des Gewimmels und der schier endlosen Reihe von Soldaten, Wagen, Pferden, Kanonen und sonstigen Fuhrwerken, die alle Richtung Westen nach Lindenau streben und die wenigen Straßen hoffnungslos verstopfen, kein Zweifel an der tatsächlichen Lage mehr herrschen: Das Heer Napoleons zieht sich zurück. Auch der bisherige Stadtkommandant von Leipzig, Arrighi de Casanova, schließt sich dem Heer an und verlässt die Stadt. Die Verteidigung Leipzigs soll am nächsten Tag Graf Wilhelm von Hochberg, der Markgraf von Baden, leiten. Viel Zeit zur Vorbereitung bleibt ihm nicht und an Mannschaften hat er neben einem Bataillon Italiener nur zwei Bataillone seiner eigenen Landsleute zur Verfügung.

19. Oktober

Das Ende der Schlacht

Derweil ist die Lage in der Stadt nach mehreren schweren Schlachttagen mehr als prekär. Insbesondere die Versorgung mit Lebensmitteln wird zunehmend problematisch. Auch der Leipziger Oberstadtschreiber Werner berichtet, dass der Mangel am 18./19. Oktober außerordentlich groß gewesen sei:

> »*Dieser sonst übermächtige Herrscher* [Napoleon] *konnte doch Steine nicht zu Brot werden lassen, noch konnten seine sonst so furchtbaren Garden und stolzen Schranzen ihm solches schaffen. Er musste mit dem ihm und seinem starken Gefolge von uns bei den hiesigen Bäckern zusammengeholten geringen Vorrate, der nur – 17 Gr. 6 Pf. betrug, sich begnügen.*«

Auch den Offizieren des Kaisers geht es nicht besser. Werner erinnert sich,

> »*dass der General Margaron, welcher mehrere Wochen unser Oberkommandant, in den letzten Tagen aber bei hiesigem Kuhturme postiert war, zwei Goldcarolin mit der Bitte aufs Rathaus schickte: man möge ihm dafür aus alter Bekanntschaft nur ein Kommißbrot zukommen lassen.*«[77]

Oft wird der Mangel an Brotgetreide mit dem generellen Mangel an Nahrungsmitteln in den Tagen der Völkerschlacht und unmittelbar danach gleichgesetzt. Tatsächlich dürften jene zwei Goldstücke, die der General bereit war für ein Brot zu bezahlen, vor allem Ausdruck des hohen Brotpreises gewesen sein. Zugleich wird mehrfach über die großen Mengen Schlachtviehs, die die französische Armee mit sich führt und wegen des Mangels an Futter in Leipzig außerordentlich billig verkauft, berichtet.[78]

Dennoch leiden auch die Bauern unter dem Mangel an Nahrungsmitteln: Die heranziehenden Truppen nehmen alles, was sie finden können, mit sich. Einige schaffen es jedoch, der Kriegsfurie und ihren stets hungrigen Knechten ein Schnippchen zu schlagen: Sie suchen mit ihrem Vieh Zuflucht in den damals noch zahlreichen Waldstücken des Leipziger Umlandes. So retten sie zumindest etwas von ihrem Eigentum. Daneben hat jeder Bauer seine ganz eigene Art, Vorräte in Sicherheit zu bringen.

Schlosser[79], 1813 Pastor in Großzschocher, berichtet unter anderem darüber, dass sein Dorf in den Tagen der Schlacht von beiden Seiten in reichlichem Maße Einquartierungen zu erdulden hat. Ob Franzosen, Würt-

Johann Michael Voltz, La belle Alliance – Pour balayer la France!, kolorierte Radierung, 1815

temberger, Österreicher, Ungarn oder russische Kosaken, letztendlich stehlen alle Soldaten, was sie erwischen können. Dennoch hat Schlosser nach der Schlacht beispielsweise noch Branntwein, den er im leeren Taubenschlag versteckt hatte und den er nutzt, um einem halb verhungerten badischen Gardisten wieder aufzuhelfen. Dieser bleibt als Knecht tagelang (illegal) bei ihm. Er berichtet davon, dass er ihn *»Kartoffeln, Kraut und Rüben vom Felde«* holen lässt, davon wie *»ein Faß mit eingesalzenem Fleische ausgegraben«* wurde, das man, bevor die Soldaten kamen, vergrub, und davon wie einige *»bestes Heu mit verdorbenem Krummet«* bedeckt hätten retten können – das Viehfutter war gesichert. So oder ähnlich handeln die meisten Bauern. Die ältere Generation hat noch einschlägige Erfahrungen aus dem Siebenjährigen Krieg und die Jahre der napoleonischen Feldzüge ließen alle Bauer ihre Erfahrungen mit hungrigen Soldaten machen. Wie wenigstens die Mittel für den eigenen Grundbedarf vor den ungebetenen Gästen verborgen bleiben können, wissen Bauern wie Bürger gleichermaßen. Bei aller Findigkeit bleibt die Lage in und um Leipzig aber angespannt.

Während der Nacht beginnen die Franzosen, ihre vorgeschobenen Stellungen zu räumen und sich nach Leipzig zurückzuziehen. Der nächtliche Nebel und das umsichtige Vorgehen der Franzosen lassen die Verbündeten erst in der Morgendämmerung erkennen, dass ihnen bei Probstheida, Stötteritz und Connewitz niemand mehr gegenübersteht. Die Brücken

Johann Heinrich Schmidt, Jozef Anton Poniatowski, Öl auf Leinwand, Dresden, 1812

Richtung Westen werden von den Franzosen, soweit bisher noch unversehrt, zerstört. Der eine oder andere Steg existiert zwar noch, doch entweder wissen die Franzosen nichts davon oder er ist für den Gebrauch größerer Truppenmassen zu schwach. Einzig die große steinerne Brücke über den Elstermühlgraben am Äußeren Ranstädter Tor kommt für den Rückzug infrage. Über sie soll die Masse der napoleonischen Armee zurückfluten. Nach vollzogenem Rückzug soll auch sie zerstört werden. In der Nacht macht ein mit drei Fässern Schwarzpulver beladener Kahn unter der Brücke fest. Einige Armeekorps beziehen Stellung in den Vorstädten, die zuerst den Angriffen der Verbündeten ausgesetzt sein werden. Um den Sieg geht es jetzt für Napoleon nicht mehr, nur noch um Zeit, Zeit für den Rückzug. Wenn der nahezu abgeschlossen ist, sollen auch die letzten Stadtverteidiger folgen. Marschall Macdonald soll mit den letzten Kräften die Stadt wenigstens bis Mitternacht halten und wichtige Zeit gewinnen, um die wertvolle Restarmee möglichst weit weg vom Ort ihres jüngsten Desasters zu bringen.

Gegen 9 Uhr verlässt Napoleon sein letztes Leipziger Quartier. Wie so oft trägt er den grauen Mantel über der grünen Uniform der Gardejäger und auf dem Kopf den bekannten Zweispitz. Er sitzt etwas missmutig auf seinem Schimmel. Viel Anlass zur Freude hat er an diesem Dienstagmorgen wirklich nicht, von Beunruhigung ist bei ihm aber auch nichts zu spüren. Nur den Inhalt seiner Schnupftabakdose nutzt er häufiger als sonst. Ihn umgibt ein ganzer Tross an Marschällen und Generalen, auch Schwager Murat in grün-samtenem Rock und mit federgeschmücktem Kopfputz ist dabei. Man reitet zum Markt, wo sich der Kaiser im Thomä'schen Haus von seinem treuen Bundesgenossen Friedrich August von Sachsen verabschiedet. Der hat des Kaisers Angebot, mit der Familie vorübergehend nach Paris überzusiedeln, dankend abgelehnt. Ob er der Versicherung des Franzosen, Leipzig binnen drei Tagen entsetzen zu wollen, wirklich Glauben schenkt, darf bezweifelt werden. Als beiderseits der Höflichkeit Genüge getan ist, setzt sich Napoleon wieder auf sein Pferd und sucht mit seiner umfangreichen Begleitung die Stadt zu verlassen. Den Kaiser und seine Suite führt auch an diesem Tage der Postillon Gabler, der zunächst den Weg Richtung Ranstädter Tor über die Hainstraße einschlägt. Bald erkennt man, dass wegen des Rückzugsgewühls auch für den Kaiser nur schwer durchzukommen ist, und kehrt um. Der nächste Versuch am versperrten Barfüßertor scheitert am fehlenden Schlüssel. Bis die hier stationierten badischen Soldaten diesen vom Stadtkommandanten geholt haben, will man nicht warten. Also erneute Kursänderung. Schließlich drängt sich der Trupp durch das Peterstor und nach kurzem Zwischenstopp an der Bürgerschule – in die schon die Kugeln der angreifenden Verbündeten einschlagen – gelangt man endlich via Ranstädter Steinweg über die Elsterbrücke, die bald noch eine traurige Rolle spielen wird. Hier ist das Gedränge der sich über dieses Nadelöhr zurückziehenden Truppen so groß, dass die Gardisten Napoleons schon sehr nachdrücklich Platz für den Kaiser schaffen müssen, der sich nun nach Lindenau, später dann nach Markranstädt begibt.[80] Ihm folgt der unaufhörliche Zug seiner Truppen, die den Ort ihrer jüngsten Niederlage so schnell wie möglich hinter sich lassen wollen.

Rund 30 000 Mann sind das letzte Aufgebot Napoleons gegen fünf Kolonnen der Verbündeten, die gegen 7 Uhr ihren Vormarsch auf die Vorstädte beginnen. Am raschesten dringt das Korps des Generals Friedrich Wilhelm von Bülow vor. Die Dörfer Crottendorf, Volkmarsdorf, Anger und Reudnitz besetzt der Preuße und schiebt seine Einheiten bis zum Hochgericht vor, wo noch drei Tage zuvor Napoleon hochfliegende Pläne geschmiedet hatte. Gegen 9 Uhr beginnen die Russen, gegen die französischen

Batterien an Sand- und Windmühlentor zu feuern. Eine Stunde später ist der Vormarsch abgeschlossen, der Angriff auf die Stadt kann beginnen. Ehe der Befehl gegeben wird, trifft eine Abordnung des Leipziger Rates ein. Nicht ganz uneigennützig – solange die Verbündeten diskutieren, machen sie keine Fortschritte – hatte Napoleon den Rat der Stadt aufgefordert, mit den Verbündeten Kontakt aufzunehmen und um Schonung der Stadt zu ersuchen. Schon gegen 5 Uhr herrscht im Leipziger Rathaus Hochbetrieb. Bürgermeister und Stadtobere diskutieren ein Schreiben an Schwarzenberg, in dem es schließlich heißt:

> *»In Ihre Hände legen wir unser Schicksal und flehen um Schonung für eine Stadt, die seit mehreren Monaten den härtesten Drangsalen des Krieges und seit mehreren Wochen den Verheerungen des Hungers und der Krankheiten preisgegeben worden und nun vor den Augen ihres Königs selbst Gefahr der Vernichtung läuft. Wir bitten um Schonung für eine friedliche Stadt, die seit Jahrhunderten der Mittelpunkt des deutschen Handels und deutscher Gelehrsamkeit war, ganz Deutschland und der cultivierten Welt zugehört, und deren Schonung gewiß allen kriegführenden Theilen wichtig ist und selbst von der Nachwelt dankbar erkannt werden wird.«*[81]

Ähnliche Schreiben werden an Blücher und den schwedischen Thronfolger formuliert. Zwei Ratsangestellte werden beauftragt, vorauszueilen und die ihnen folgenden Abordnungen der Stadt anzukündigen. Beide Abordnungen können aber wegen der inzwischen begonnenen Kämpfe um die Stadttore ihr Ziel nicht mehr erreichen. Nur die Vorausabteilungen gelangen hinaus und werden irrtümlich für die eigentlichen Sendboten des Rates gehalten.

Gegen 9 Uhr trifft der Ratsdiener Müller nebst einem beigestellten französischen Trompeter zwischen Leipzig und Eutritzsch auf die Truppen Blüchers. Müller kann unmittelbar mit Blücher sprechen und trägt ihm die Bitte des Leipziger Rates vor. Blücher will nicht noch mehr Zeit vertrödeln, lässt dem Ratsdiener versichern, dass von seinen Truppen nicht geplündert würde, und schickt ihn zurück. Etwa eine Stunde später langt auch der Steuereinnehmer Wichmann nebst obligatorischem Trompeter am Connewitzer Kreuz an, um die Delegation an Schwarzenberg anzukündigen, wird aber zum Zaren an die Ruine der Quandt'schen Tabaksmühle gebracht. Dort ist inzwischen auch ein sächsischer Oberst als Ersatz für die verängstigt daheimgebliebene Ratsdeputation angekommen. Auch der Zar verspricht, für eine Schonung der Stadt und ihrer Bewohner zu sorgen.

Da seitens des in der Stadt befindlichen Militärs keinerlei Verhandlungen begonnen werden und ein von Blücher abgesandter Parlamentär, der

Ernst Wilhelm Straßberger, Kampf vor dem Grimmaischen Tor am 19. Oktober 1813, Öl auf Leinwand, um 1850

Ernst Wilhelm Straßberger, Sprengung der Elsterbrücke am 19. Oktober 1813, Öl auf Leinwand, um 1850

zur Kapitulation auffordern soll, nicht durch die Stadttore eingelassen wird, hebt der Kampf um Leipzig an.

Bülow beginnt nun den Angriff in Richtung des Äußeren Grimmaischen Tores. Auf seinem rechten Flügel kämpfen sich die Truppen über die Milchinsel auf die Stadtmauer zu. Die Artillerie feuert in die Vorstädte und gegen die Mauern, richtet aber nicht viel aus. Jetzt kommt der Befehl zum Sturm. Notwendiges Gerät zum Überwinden der Stadtmauern ist nicht vorhanden.

Die altgedienten Soldaten halten unter diesen Umständen einen Sturm für reinen Irrsinn. Die unerfahrenen Freiwilligen der Landwehr sind da weniger bedächtig. Für einen solchen Sieg nehmen sie auch einigen Wahnsinn auf sich. Allen voran rennen Einheiten der ostpreußischen Landwehr gegen das Tor an. Mit ihnen kämpft hoch zu Ross ihr Kommandeur Major Karl Friedrich Friccius, im Zivilleben Rechtsgelehrter. Die Stadtverteidiger feuern aus den in die Mauer gebrochenen Löchern und vom Turm der Johanniskirche, was die Gewehre hergeben. Friccius wird das Pferd unter dem Leib weggeschossen. Mit seinen Leuten schlägt er, nun zu Fuß, mit den Gewehrkolben auf die Mauer ein. Eine kleine Bresche entsteht. Der erste Ostpreuße erhält einen Bajonettstich ins Gesicht, einen mit hoch erhobenem Säbel nachdrängenden Hauptmann trifft eine Kugel in die Brust und schließlich dringt Friccius mit rund 50 Mann in die Stadt ein. Das psychologische Moment ist stärker als die 50 Mann, die zahlenmäßig überlegenen Franzosen wenden sich zurück, der Feind ist in der Stadt! Befehlsgemäß wendet sich Friccius nach links und gelangt bis an den Rossplatz. Dort stehen Massen der abmarschbereiten Franzosen, Friccius zieht sich zurück und langt wieder am Tor an, durch das inzwischen immer mehr Preußen gedrungen sind. An der Johanniskirche entspinnt sich nun ein heftiger Kampf mit den Franzosen, die das Schlachtglück noch wenden oder wenigstens ihre Haut so teuer wie möglich verkaufen wollen. Die Preußen behalten die Oberhand. Inzwischen ist das Tor selbst von innen geöffnet und immer mehr Preußen strömten in die Vorstadt. Zwei Kompanien Schweden sind jetzt ebenfalls in der Stadt, die Masse ihrer Landsleute verharrt jedoch vor dem geöffneten Tor.

Als Erster eine zu stürmende Stadt betreten zu haben, sichert jedem Soldaten jener Zeit den Heldenstatus. Noch ganz im Banne des Erlebten schreibt Friccius am Abend des 19. Oktober an seine Frau Friderike in Königsberg:

> *»Heute aber trat erst für uns der wichtigste Tag ein. Der Rückzug der Franzosen war entschieden und Napoleon in Leipzig eingeschlossen. Leipzig also zu nehmen war die große Aufgabe. Nachdem es stark beschossen war, wurde der Sturm beschlossen und mein Bataillon an die Spitze gestellt. Wir thaten was der entschiedenste Männer Muth nur vermag. Am Thore, was verrammelt war wurde mir mein kostbares Pferd der schwarz braune von Richter, schwer verwundet und ich also ohne Pferd. Ich kam glücklich herunter und that den Dienst zu Fuß. Mit eigener Hand stieß ich die Mauer ein, kroch zuerst hindurch und war so der erste in der Stadt, wie es die Pflicht des Commandeurs ist. Meine Leute folgten mir zum großen Theil und unter dem fürchterlichsten Kugelregen drangen wir vor. … Der Sturm musste 4–5* [Mal] *wiederholt werden und mit tief bekümmerten Herzen muß ich gestehen, dass die Hälfte meines Bataillons ein Opfer geworden ist. Wie ich so*

unversehrt geblieben bin ist mir und allen meinen Waffengefährten ein Wunder, ich lebe noch, und nach einer bis an Ohnmacht grenzenden Anstrengung habe ich kein körperliches Übel empfunden aber so glücklich auch der Tag für das große Ganze ist, so namenlose wohlthatige Folgen der entschiedenste Sieg den wir erkämpft haben, für die deutsche Nation haben wird und muß, so bin ich doch nicht im Stande mich zu freuen, denn der Verlust und der Schmerz der Seele über die Gebliebenen ist zu groß. Was mich am meisten kümmert ist der Tod des Hauptmann Motherby der an meiner Seite beim ersten Eindringen fiel.«[82]

Rechts von Friccius' Männern, auf dem Gutsgelände, das wegen seiner Wirtschaft Milchinsel heißt, kämpfen sich weitere Preußen durch Gartenanlagen. Aus jedem Gartenhäuschen schlägt ihnen heftiges französisches Feuer entgegen. Schließlich gelangen sie in Sichtweite des Georgenvorwerks und des Hintertores. Hier tobt ein zähes Ringen, doch die Soldaten, hauptsächlich Pommern, machen ihrer Herkunft alle Ehre und beharren mit der sprichwörtlichen Starrsinnigkeit. Links von Friccius haben inzwischen Pioniereinheiten die Mauern des Bose'schen Gartens durchbrochen. Russen und Preußen dringen bis zum Rossplatz vor.

Heftiger noch sind die Kämpfe am nördlichen Gerbertor. Fällt die Hallesche Vorstadt, ist der Rückzug für die Stadtverteidiger über Elster und Pleiße in Gefahr. Entsprechend verzweifelt wehren sich Franzosen und Polen, die diesen Abschnitt verteidigen. Doch schließlich kann auch der Einsatz von drei Kartätschen verschießenden Geschützen am Gerbertor die Niederlage nicht verhindern. Nach zweistündigem Kampf sind die Russen Herren der Halleschen Vorstadt.

Während ein Teil der Leipziger Bevölkerung sich voller Angst in den Häusern versteckt, wagt sich ein anderer bereits während der letzten Kämpfe nach draußen auf die Straße, um die in die Stadt strömenden Soldaten als Befreier zu begrüßen oder zur Befriedigung der Neugier einen Blick auf die Szenerie zu werfen. So auch der Musikalienhändler Friedrich Hofmeister:

»Ich hielt das Haus geöffnet und erquickte die vom Patronenabbiß geschwärzten Befreier vom Franzosenjoch nach Möglichkeit mit Speis und Trank. Bei der sich immer mehrenden Anzahl reichte das freilich nicht weit, die später Nachdringenden konnten nur mit Brunnenwasser regalirt werden. Da forderten Einige Geld oder Geldeswerth, wofür sie sich schon Lebensmittel verschaffen wollten. Zunächst möchte ich die Taschenuhr herausgeben, meinte der Eine. Dessen weigerte ich mich bestimmt und verwies sie auf ihre Schuldigkeit, die Bürger zu schützen, anstatt zu berauben. Als aber Gewalt gebraucht werden sollte, entfloh ich die Treppe hinauf und verschloß die Saal-

Christian Gottfried Heinrich Geißler, Die Leipziger Barbierstube, Radierung, Leipzig, um 1813

und die Stubenthür. Einige mir nach, sprengten mit Kolbenstößen die beiden Thüren, drangen in's Wohnzimmer und plünderten. Ich hatte indessen einen zweiten Ausgang zu einer Hintertreppe benutzt, lief auf die Straße und beschwor zwei junge Offiziere, die mit Aufstellung der sich langsam sammelnden Mannschaften beschäftigt waren, mir zu Hülfe zu kommen. Bereitwillig folgten sie mir. Wir steigen die Haupttreppe hinauf und schon begegneten uns die letzten der Plünderer. Der eine bot mir meinen eigenen blauen Mantel zum Kauf an. Meine Antwort war: ›ich kaufe keine gestohlenen Waaren, aber diese beiden Offiziere werden mir schon zu meinem Eigenthum verhelfen.‹ ›Entschuldigen Sie‹, sagte einer der Offiziere, ›wir gehören der russischen Armee an und haben den Preußen nichts zu befehlen.‹ ›Aber‹, fügte der Andere hinzu, ›wenn Sie uns mit weißgewaschenen Hemden aushelfen können, so erzeigen Sie uns eine große Gefälligkeit.‹ Was war zu thun? Ich öffnete die Wäschecommode, gab die zwei Hemden her und lachte über meinen Missgriff. Die zurückbleibenden Schmutzhemden ließ ich, nach vollendeter Toilette, mit der Feuerzange aufheben und nach dem Mist tragen.«[83]

Noch aber sind die Kämpfe nicht beendet. Die Petersvorstadt soll Poniatowski mit seinem Korps verteidigen, das seit Beginn der Schlacht auf weniger als ein Drittel zusammengeschmolzen ist. Der Rückzug auf die Promenaden, ein beidseitiges Artillerieduell, kostet nochmals zahlreiche Männer das Leben.

Die drei verbündeten Monarchen auf der Höhe von Wachau, kolorierte Radierung, um 1813

Da, es mag gegen Mittag sein, erschüttert im allgemeinen höllischen Kampfgetöse eine heftige Explosion die Stadt. Die Brücke über den Elstermühlgraben fliegt in einem gigantischen Feuerball in die Luft. Die Sprengladung, die den Weg übers Wasser eigentlich erst nach vollzogenem Rückzug pulverisieren sollte, ist zu früh gezündet worden. Monate später sucht ein französisches Krieggericht zu klären, wer die Verantwortung dafür trägt, dass 20 000 Männern der napoleonischen Armee so jede Rückzugsmöglichkeit abgeschnitten wurde. Die Untersuchungen verlieren sich im Dunkeln. Klar wird nur, dass sich der zuständige Artilleriegeneral und der Oberst der Pioniertruppen nach dem Muster des im Kinderreim ausgeschickten Jockel im Verlaufe des Vormittages nacheinander Richtung Westen aufmachten und am Ende ein Korporal mit brennender Lunte an der Brücke zurückgeblieben war.

Der lässt sich von einigen russischen Jägern täuschen, glaubt, die Heeresmacht der Verbündeten vor sich zu haben, und legt Feuer. Als der gewaltige Qualm verzogen und der Regen aus zerfetzten Menschen, Pferden und Wagen niedergeprasselt ist, bricht Panik bei den Abgeschnittenen aus. Der einige Meter breite Wasserlauf führt Hochwasser und ist für einen Mann in dicker Tuchuniform schwer zu durchschwimmen. Zudem beherrschen viele der Verzweifelten diese Kunst gar nicht. Dennoch versuchen es Hunderte und werden von ihren rasch vollgesogenen Uniformen unter Wasser gezogen. Andere, wie Marschall Macdonald, entledigen sich lieber zuvor ihrer Kleidung und langen zwar in Unterhosen, aber mit dem geretteten nackten Leben

Friedrich August Frenzel, Abschied Napoleons von dem König von Sachsen in Leipzig, Lithografie, um 1840

am anderen Ufer an. Weniger Glück hat jener Offizier, den Napoleon erst zwei Tage zuvor zum Marschall von Frankreich ernannt hat. Bereits zweifach verwundet, sprengt Fürst Poniatowski mit seinem Pferd ins Nass. Diesem gelingt es nicht, die gegenüberliegende Uferböschung zu erklimmen, es stürzt zurück ins Wasser und drückt den Reiter unter sich. Ross und Reiter tauchen nicht wieder auf. Inzwischen sind die Russen in Massen an der Unglücksstelle angelangt und erschlagen Hunderte der Flüchtenden.

Währenddessen ist auch die innere Stadt in den Händen der Verbündeten. Die badischen Truppen machen wenig Anstalten, sie ernsthaft zu verteidigen. Nach einigen halbherzigen Versuchen ziehen sie auf dem Marktplatz neben den an den Kämpfen gleichfalls nicht mehr beteiligten Sachsen auf und harren nun, Gewehr bei Fuß, der Dinge, die da kommen. Vom Inneren Grimmaischen Tor dringen die Pommern bis zum Stadtzentrum vor, vom Peterstor nähern sich preußische Grenadiere, andere langen vom Hallischen Tor an. In den Straßen der Innenstadt wird hie und da noch gekämpft, das Blaffen der Schüsse verzieht sich allmählich in Richtung Westen, der Rückzugsstraße der Franzosen nach.

Inzwischen hat sich der Leipziger Rat zu Aktivitäten aufgerafft. Die bisherige militärische Kommandolinie existiert nicht mehr, die zu erwartende neue noch nicht, für kurze Zeit ist er wieder die höchste Autorität in der Stadt.

Drei Mann aus seinen Reihen schickt er dem russischen Zaren entgegen, der allgemein als der wichtigste der verbündeten Monarchen angesehen wird. Gerade als Alexander I. durch das Äußere Grimmaische Tor reitet, langen die Ratsmitglieder an und bitten ein weiteres Mal um Schonung für die Stadt, die der Zar auch erneut zusagt. Als sich die Abordnung schon zum Gehen wendet, raunt der Zar mit Blick auf den neben ihm reitenden unscheinbar Uniformierten mit Feldmütze: »C'est le roi de Prusse.« Eifrig beeilen sich die so Belehrten, nun auch den preußischen König zu begrüßen, der den Beinahe-Fauxpas nicht bemerkt zu haben scheint. Nach diesem Intermezzo reiten die beiden Sieger weiter auf das Stadtzentrum zu und langen gegen 13 Uhr in der Stadt an. Etwa zeitgleich treffen auch Karl Johann von Schweden und der alte Blücher ein. Als gegen 14 Uhr nun auch Franz I. von Österreich ankommt, ist die Versammlung der Sieger komplett und die Waffen schweigen.

Während Kaiser Franz I. in sein Hauptquartier nach Rötha zurückkehrt, nehmen die beiden anderen Monarchen gemeinsam mit dem schwedischen Thronfolger noch eine Inspektion von Truppen der Nordarmee vor, ehe sie in der Stadt Quartier nehmen. Kaiser Alexander I. in der Katharinenstraße, Friedrich Wilhelm III. am Markt, Karl Johann im Hôtel de Prusse. Zum Gouverneur Leipzigs wird der russische Fürst Nikolai Grigorjewitsch Repnin-Wolkonski ernannt.

Nicht alle Besiegten verlieren ihr Eigentum in der Schlacht. Von einer besonders kuriosen Variante des Bankschließfachs erfahren wir durch einen Bericht von Carl Gotthelf Leonhardt, den Angestellten eines Leipziger Steuerprokurators. Dieser erzählt von einem französischen Offizier, der angesichts der nahenden Gefangennahme am 19. Oktober um seine Barschaft von rund 200 Goldfrancs fürchtet. In aller Eile versteckt er die Börse im wasserspeienden Füllhorn einer Brunnenfigur auf dem Pauliner Hof. Wie er ahnte, wird er bald darauf gefangen genommen. Nach seiner Freilassung, ein Jahr darauf, erscheint der Franzose erneut in Leipzig, schildert bei der Polizei sein Tun während des letzten Aktes der Völkerschlacht und kann nun unter Polizeibegleitung sein immer noch vorhandenes Depot im Leipziger Brunnen auflösen.[84]

Auch Carl Gotthelf Leonhardt selbst weiß die ungewöhnliche Situation für sich zum Vorteil zu nutzen und zieht mitten im Durcheinander der sich zurückziehenden Truppen Napoleons ein regelrechtes Geschäft auf, dessen leichte Unschicklichkeit er mit dem Abstand von vierzig Jahren als Abenteuerlust kaschiert:

»Es war … vielmehr … ein Drang nach Abentheuern, was mich veranlasste, mir am 19. des Morgens bei dem Kaufmann Horn … auf dem Rannstädter Steinwege für sechs Thaler Tabak zu kaufen, um denselben mitten unter den retirirenden Franzosen im Einzelnen, jedoch für das Doppelte loszu-

schlagen. … Meine Geschäfte gingen besser und schneller, als ich erwartet hatte; noch bessere Geschäfte aber würde ich gemacht haben, wenn meine Waare in Aepfeln, oder Brod, oder gar in baarem Gelde bestanden hätte; denn für wahre Spottpreise wurden mir goldene Ketten, Ringe, Uhren, silberne Dosen, Perlenschnuren und ächte Steine zum Kaufe angeboten, und ich hatte somit Gelegenheit, in wenigen Stunden ein wohlhabender Mann zu werden; doch die Franzosen begnügten sich auch mit meinem Knaster, der nicht zum Havannageschlechte gehörte, und den sie priesenweise in den Mund steckten.«

Brachialer bereichern sich jene, die Leonhardt am Nachmittag des gleichen Tages beobachtet:

»Auf dem Fleischerplatze sah es dagegen ganz anders aus als am Morgen. Da standen Pulver-, Munitionswagen und Kanonen, auf welche lebende und abgekehlte Schöpse aufgebunden sich befanden, dazwischen Todte und Verwundete, Soldaten und Pferde. Russen und Preußen plünderten die Wagen und beraubten die Todten, wogegen die ärmeren Bewohner der Vorstadt, was die Plünderer verschmähten, Geräthschaften und vorzüglich theils noch lebendes, theils abgeschlachtetes Vieh nach Hause trugen.«[85]

Auch wenn die Leipziger in den Kämpfen des 18. und dem Sturm auf die Stadt am 19. Oktober nur in wenigen Fällen in Lebensgefahr gerieten, so sind es doch besonders die Bewohner der Vorstädte und der Häuser entlang der inneren Stadtmauer, die – vor allem durch den Artilleriebeschuss – geängstigt werden. Der damals als Hauslehrer bei dem Leipziger Kaufmann David Johann Förster beschäftigte spätere Pastor Gottlob Herrnsdorf berichtet über die Situation am 18. und 19. Oktober aus der Sicht des Leipziger Einwohners. Försters Haus liegt in der Gerbergasse, in der Halleschen Vorstadt. Am 17. Oktober wird der verwundete General Donatien-Marie-Joseph von Vimeur, Graf von Rochambeau, ins Förster'sche Haus gebracht, wo sein Sohn, der im Range eines Obersten als Adjutant bei Murat dient, an seinem Bette wacht, bis der Vater wenig später verstirbt:

»Den Montag, den 18. October, begann die Kanonade sehr bald und man hörte sehr deutlich, dass sie der Stadt näher war. Nach Lindenau zu wurde ein unaufhörliches Kleingewehrfeuer gehört. Gegen 10 Uhr begann der Angriff der Alliirten von Gohlis her und eine furchtbare Kanonade erfolgte auf den Löhr'schen Garten, wo eine starke Batterie von 18 Kanonen und eine starke Anzahl von Polen unter Dombrowski stand. Kanonenkugeln, gefüllte Granaten, Kartätschen schlugen in die Förster'schen Gebäude ein, so dass in

Tod des Fürsten Poniatowski in der Elster, kolorierte Radierung, Wien, um 1830

kurzer Zeit der Hof voller Ziegelstücke lag. Die Familie rettete sich in einen kleinen Keller unter der Treppe des Hauses, der nicht tief ist, da es in der Gerbergasse keinen tiefen Keller gibt. Das Gefolge des verwundeten Generals promenirte ganz ruhig im Hofe herum und brachte uns von den Dächern rollende Kartätschenkugeln. Wunderbar war es, dass kein Feuer ausbrach, denn die gefüllte Granate war in den Heuboden über dem Pferdestall im Hinterhause liegen geblieben und nicht zersprungen. … In der Nacht zum 19. October früh 1 Uhr wurde ich gerufen. Es war soeben der General Rocheambeau verschieden. … Schon am Nachtmittag sah man, dass die Schlacht für die Franzosen verloren war, denn über die Promenade konnte man vom Hause aus alle möglichen Wagen nach dem Ranstädter Thore ziehen sehen. Der Oberst Rocheambeau rieth Förstern, sich mit seiner Familie in die Stadt zu retten, da dieser Theil der Stadt unbedingt mit Sturm genommen werden und die Gerbergasse in Feuer aufgehen würde, wo dann keine Rettung sei, da sie von beiden Seiten von Wasser umgeben wäre. Es wäre aber nicht möglich gewesen, durch die auf der Gasse aufgestellten Truppen und Kanonen durchzukommen, die zum Thore hinausdrängten, wenn es nicht durch die Hülfe der französischen Gensd'armen und des Obristen geschehen wäre, der den Leichnam in einer Korbchaise nach der innern Stadt brachte. Der Kaufmann Förster, seine Gemahlin und seine vier Kinder, ich und die Kinderfrau wurden in die Mitte der Gensd'armen genommen und unter großen Mühen gelangten wir an das Halle'sche Thor, wo uns die Badenschen Truppen nicht einlassen wollten, aber durch den Obersten dazu gezwungen wurden.«[86]

Freund oder Feind?

König Friedrich August

Bereits am 14. Oktober war Friedrich August I. nach Leipzig gekommen und hatte sein übliches Quartier im Thomä'schen Hause bezogen. Hier hatte er auch die Tage der Schlacht miterlebt, hatte das voreilige Läuten der Siegesglocken am 16. Oktober gehört, seine Zustimmung zum Übergang seiner Truppen zu den Verbündeten verweigert und dann vernehmen müssen, dass einige seiner Offiziere mit ihren Leuten doch die Seiten gewechselt hatten, hier nahm am Vormittag Napoleon von ihm Abschied und hier sitzt er nun am zeitigen Nachmittag, als die verbündeten Truppen einrücken. Die sächsische Garde und die Reste der Linientruppen stehen angetreten auf dem Marktplatz. Sie haben an den Kämpfen des 19. Oktober nicht mehr teilgenommen und warten ab. Des Königs Leibwache wird beim Einmarsch der Verbündeten umgehend durch russische Gardegrenadiere ersetzt. Der Kronprinz von Schweden macht eine kurze Visite bei dem Monarchen, der noch nicht so recht weiß, welchen Status er jetzt beanspruchen darf. Der Preußenkönig und der Zar betreten das Haus zunächst nicht. Erst am folgenden Tage macht Alexander der Königin Maria Amalie Auguste und der Prinzessin Augusta seine Aufwartung, eine Begegnung mit dem sächsischen König vermeidet er. Am 23. Oktober tritt Friedrich August I. als Kriegsgefangener seine Reise Richtung Berlin an. Erst im Juli 1815 wird er in sein erheblich verändertes Königreich zurückkehren. Bis dahin aber steht Sachsen unter Verwaltung der Alliierten.

Noch am Abend des 19. Oktober beglückwünscht der preußische Staatskanzler Karl August von Hardenberg seinen König von Chemnitz aus:

> *»Aus der Fülle meiner Seele wünsche ich Ew. Majestät Glück zu dem glorreichen Siege, der unter Ihnen von den tapferen Heeren erfochten ist. Die einbrechende Nacht hindert mich, Ihnen meine Gedanken hierüber früher als morgen zu Füßen legen zu können; doch begrüße ich Sie schon heut als König von Sachsen und Großherzog von Polen.«*[87]

Plötzlich ist das öffentliche Leipzig voll von Vaterlandsfreunden und Kämpfern für die gemeinsame deutsche Sache. Alle bisherigen Parteigänger Napoleons sind mit einem Schlage recht still geworden oder haben sich zu glühenden Freunden des Freiheitskampfes gewandelt. Besonders die Presse überbietet sich in Bekenntnissen zum neuen Patriotismus. Das stellt auch ein junger Leipziger bereits am 22. Oktober in einem Brief an seinen Cousin fest:

»… Jetzt aber, wo nun freylich Herr Napoleon seine Albernheit gar zu sehr übertrieben hat, und wo es Notabene so gut als gewiß ist, daß er künftig das Erschießen und Hängen bey uns hübsch bleiben lassen muß, da läßt ihm das Schreiber=Volk nicht einen ganzen Fetzen, nicht für einen Pfennig Ehre mehr, alles Mögliche, was nur dumm ist oder heißt, bürden sie ihm auf, und wenn es nur ginge, sie kratzten ihm gern mit ihren stumpfen Federn die Augen aus, oder stellten ihn mit eigenen Händen an den Pranger.

So verfahren diese Schmierer mit allen andern! Kommen heute wieder, Gott sey uns gnädig und barmherzig, die Franzosen herein und betragen sich wo möglich noch schlechter, als sie sich seit dem 2ten May bis jetzt in unserm lieben Sachsen=Lande betragen haben, so wird von ihrer Ordnung, ihrer Mannszucht und ihrem Edelmuthe ein Qualm gemacht, daß man ersticken mögte …«[88]

Einer aus dem »Schreiber-Volk« ist der bekannte Verleger Friedrich Arnold Brockhaus, der allerdings im Gegensatz zu den oben als so wetterwendisch kritisierten Berufskollegen schon seit 1812 von Altenburg aus Napoleon-kritische Veröffentlichungen verantwortet. Seit dem 13. Oktober gibt er die *Deutschen Blätter* als offizielles Organ des verbündeten Hauptquartiers heraus. Das Sonderblatt vom 22. Oktober ist das erste in Leipzig erschienene und enthält eines der ersten Resümees der Schlacht überhaupt:

»Die Resultate der glorreichen Schlacht vom 16ten, 18ten und 19ten dieses, übersteigen alle Begriffe. Noch immer werden Tausende von Gefangenen bei der Verfolgung aufgerafft. Die Zahl derselben beläuft sich bereits auf mehr als 40 000 Mann, mit Inbegriff der in Leipzig zurückgelassenen Verwundeten und Kranken. Die Zahl der letzteren beträgt nach der neuesten Zählung 22 000 Mann, worunter sich 3 000 Offiziere befinden. …

Die Unordnung bei der Flucht des Feindes war unbeschreiblich. Napoleon selbst mußte auf einem Nebenwege die Stadt verlassen, da alle direkten Zugänge durch fliehende Truppen und Bagage ungangbar waren. … Man hat seit gestern mehrere tausend Leichen aus den Flüssen und Gräben gezogen. Die Umgebungen der Stadt sind größtentheils noch immer mit Verwundeten und Todten bedeckt, welche nicht unter Dach gebracht oder beerdigt werden können.

Der König und die Königin von Sachsen nebst der Prinzessin Augusta sind noch hier. Der Rest der königl. Familie ist in Dresden.

Unter den gefangenen Generalen befinden sich außer den Armeekorps-Commandanten Grafen Reynier, Lauriston und Bertrand, auch die Generale Mandeville, Peri, Rozniezky, Krasinsky, Malachowsky, Uminsky, Branikowsky, Kaminiezky, Rautenstrauch, Prinz Emil von Hessen-Darmstadt, Graf Friedrich von Hochberg, und Prinz Witgenstein. General Latour Maubourg ist an seinen Wunden gestorben, und General Souham tödlich verwundet.«

Ein Bild des Jammers in grellen Farben

Letzte Bilanz und Neubeginn

Die anbrechende Dämmerung beendet am 19. Oktober den letzten Akt eines Dramas, dessen Schrecken in allen Straßen der Stadt und vor allem den Dörfern der Umgebung Leipzigs unübersehbar sind. Dabei hat die Messestadt noch großes Glück gehabt. Verteidigung und Sturm liefen für die damals übliche Kriegsführung ungewöhnlich glimpflich ab. Die halbherzigen Vorbereitungen der Soldaten Napoleons zur Zerstörung der Vorstädte waren nicht zur Ausführung gelangt. Der Sturm der Verbündeten war nicht durch den sonst üblichen massivsten Artillerieeinsatz mit der Demolierung unzähliger Häuser vorbereitet worden. Die Sieger sind im Hochgefühl des Triumphes, Napoleon und seine Soldaten auf dem Rückzug Richtung Weißenfels. Beide Seiten hat die Beteiligung an der bis dahin wohl größten Schlacht der Menschheitsgeschichte riesige Opfer gekostet. Den höchsten Blutzoll haben die Soldaten der russischen Armee gezahlt: Rund 22 000 ihrer Männer sind tot. 16 000 Preußen, 12 000 Österreicher und 300 Schweden teilen ihr Schicksal. Die Verluste der Vielvölkerarmee Napoleons werden mit etwa 30 000 Mann angegeben. Insgesamt sind 23 Generale, 700 Offiziere, 1 900 gesunde und 51 000 verwundete und kranke Soldaten Napoleons in die Hände der Verbündeten gefallen. Es ist eine der ersten Amtshandlungen des alliierten Stadtkommandanten, mit Nachdruck für den Abmarsch der gefangenen Franzosen zu sorgen.

Noch am 19. Oktober lässt der russische Militärpolizeichef Baron Georg Andreas von Rosen bekannt machen:

> »… *alle von den Franzosen und deren Alliirten nachgelassenen Kriegs-Armaturen und Effecten aller Art, wie auch alle noch sich bey ihnen aufhaltende Französische oder alliirte Officiers und Soldaten binnen heute und morgen um 12 Uhr Mittag bey Unterzeichnetem anzuzeigen. Nach Verlauf dieses Termins werden diejenigen, die feindliches Eigenthum und Soldaten verschwiegen haben, arretirt und sofort nach Sibirien, als Strafe der Verheimlichung, transportirt werden.*«[89]

Schlimmer noch als die Kriegsgefangenen sind die Verwundeten beider Seiten dran. Bereits vor Beginn der Schlacht hatte ein badischer Militärarzt, der mit seiner Einheit in Leipzig stationiert war, die Stadt als reines Lazarett bezeichnet. Die Lazarette und das zugehörige Personal sind bereits vor dem 14. Oktober an der Grenze ihrer Kapazität und Möglichkeiten angekommen. Mehr als 50 unterschiedliche Militärhospitäler gibt es in Leipzig. Mehrheitlich sind sie in dazu völlig ungeeigneten öffentlichen Gebäuden untergebracht.

Den erschütternsten Bericht über die Situation in den Lazaretten genannten Siechenhäusern Leipzigs unmittelbar nach der Schlacht liefert der berühmte preußische Arzt Johann Christian Reil. Am 26. Oktober 1813 schreibt er an den Chef der Zentralverwaltung für die besetzten Gebiete, Heinrich Friedrich Karl vom und zum Stein:

> *»Ew. Exc. haben mich beauftragt, Ihnen einen Bericht über meinen Befund der Lazarette der verbündeten Armeen am diesseitigen Elbufer einzureichen. Ich thue dies um so williger, als in dieser Thatenreichen Zeit auch Unthaten nicht für die Tagesgeschichte verloren gehen dürfen. … Noch an diesem Tage, also Sieben Tage nach der Völkerschlacht, wurden Menschen vom Schlachtfelde eingebracht, deren unverwüstliches Leben nicht durch Verwundungen, noch durch Nachtfröste und Hunger zerstörbar gewesen war. In Leipzig fand ich ungefähr 20 000 Verwundete und kranke Krieger aller Nationen. Die zügelloseste Phantasie ist nicht im Stande, sich ein Bild des Jammers in so grellen Farben auszumalen, als ich es hier in Wirklichkeit vor mir fand. … Die Verwundeten liegen entweder in dumpfen Spelunken, in welchen selbst das Amphibienleben nicht Sauerstoffgas genug finden würde, oder in scheibenleeren Schulen und hochgewölbten Kirchen, in welchen die Kälte der Atmosphäre in dem Maasse wächst, als ihr Verderbnis abnimmt … Bei dem Mangel öffentlicher Gebäude hat man doch nicht ein einziges Bürgerhaus den gemeinen Soldaten zum Spitale eingeräumt. An jenen Orten liegen sie geschichtet, wie die Heringe in ihren Tonnen, alle noch in den blutigen Gewändern, in welchen sie aus der heissen Schlacht hereingetragen sind. Unter 20 000 Verwundeten hat nicht ein einziger ein Hemde, Betttuch, Decke, Strohsack oder Bettstelle erhalten. Alle Kranken mit zerbrochenen Armen und Beinen … sind für die verbündeten Armeen verloren. … Ihre Glieder sind, wie nach Vergiftungen, furchtbar angelaufen, brandig und liegen nach allen Richtungen neben den Rümpfen. … Viele Verwundete sind noch gar nicht, andere werden nicht täglich verbunden. Die Binden sind zum Theil von grauer Leinwand, aus Dürrenberger Salzsäcken geschnitten, die die Haut mitnehmen, wo sie noch ganz ist. In einer Stube stand ein Korb mit rohen Dachschindeln, zum Schienen der zerbrochenen Glieder. … Verwundete, die nicht aufstehen können, müssen Koth und Urin unter sich gehen lassen und faulen in ihrem eigenen Unrath an. Für die gangbaren sind zwar offene Bütten ausgesetzt, die aber nach allen Seiten überströmen, weil sie nicht ausgetragen werden. In der Petristrasse stand eine solche Bütte neben einer anderen ihr gleichen, die eben mit der Mittagssuppe hereingebracht worden war. … Das scheusslichste in dieser Art gab das*

Gewandhaus. Der Perron war mit einer Reihe solcher überströmenden Bütten besetzt. Es war mir unmöglich, durch die Dünste dieser Cascade zu dringen, und den Eingang des Spitals von der Straße her zu erzwingen. … Ich schliesse meinen Bericht mit dem grässlichsten Schauspiel, das mir kalt durch die Glieder fuhr und meine ganze Fassung lähmte. Nehmlich auf dem offenen Hofe der Bürgerschule fand ich einen Berg, der aus Kehricht und Leichen meiner Landsleute bestand, die nackend lagen und von Hunden und Raben angefressen wurden, als wenn sie Missethäter und Mordbrenner gewesen wären. So entheiligt man die Ueberreste der Helden, die dem Vaterlande gefallen sind!«[90]

Reil, als Arzt wohl hinsichtlich des Anblicks menschlichen Elends einiges gewohnt, ist angesichts der Situation in den Lazaretten offensichtlich völlig fassungslos. Wenn man sich nun vor Augen hält, dass er nur über die Lage der preußischen Verwundeten berichtet, für die wenngleich vollkommen ungenügend, so doch wenigstens überhaupt in irgendeiner Weise Sorge getragen wird, vermag man sich die Umstände bei den verwundeten Franzosen nicht auszumalen. Reil stirbt am 22. November 1813 am sogenannten Lazarettfieber, wohl dem allerorten grassierenden Flecktyphus.

Den grauenhaften Verletzungen, die die bleiernen Kugeln der Musketen verursacht haben, stehen die Ärzte oft hilflos gegenüber. Sind einzelne Gliedmaßen verletzt, hilft meist nur die Amputation. Schwere Verletzungen im Bereich des Rumpfes oder gar Kopfes sind kaum zu behandeln. Hier bleibt den Medizinern nur, auf ein Wunder oder einen gnädigen Tod zu hoffen. Aus naheliegenden Gründen selten thematisiert, informiert eine einzige Zeile über das Schicksal der schwerstverwundeten Franzosen. Die verbale Dürre spiegelt die betretene Scham des Chronisten wider; Maximilian Poppe berichtet zum 22. Oktober:

»… früh trommelt ein Tambour der Bürgergarde zu Leipzig das Publikum zusammen, und ein Offizier macht ihm bekannt, daß die Einwohner ihre schwedischen Verwundeten auf dem Polizeiamte anzeigen sollen. – Die französischen schwer Blessirten werden erschlagen.«[91]

Sind schon kaum genügend Helfer vorhanden, um den Verwundeten die notwendige Pflege zuteil werden zu lassen, heißt es, sich dennoch rasch der Toten anzunehmen. Sie bedecken unbestattet Felder und Wiesen, Dörfer und Straßen und die dicht übereinander liegenden Stapel von Leichnamen kennzeichnen so unübersehbar jene Stellen, an denen wenige Tage zuvor am heftigsten gekämpft wurde. Von ihnen geht eine ernsthafte Gefahr für alle aus, die ihr Leben aus dem Inferno gerettet haben. Zwar glaubt man immer noch, es sei vor allem die verpestete Luft, die Krankheitskeime übertrage,

Ernst Wilhelm Straßberger, Gefangene und Verwundete auf dem Johannisfriedhof am 19. Oktober 1813, Öl auf Leinwand, um 1850

der daraus gezogene Schluss ist allerdings richtig. Rasch unter die Erde müssen die Toten von Freund und Feind. Für Pietät ist keine Zeit. Wo ein Weitertransport der Leichenhaufen unsinnig ist, wird eine Grube ausgehoben, in die die Unglücklichen geworfen werden. Über Wochen beschäftigt sich die Bevölkerung damit. Den Ausbruch von Typhus und anderen Seuchen können die Helfer jedoch nicht verhindern.

Natürlich sind auch Plünderer unterwegs. Üblicherweise werden Soldaten in jener Zeit nackt beerdigt. Uniform und Ausrüstung sind zu wertvoll, um sie den Würmern zum Fraß zu überlassen. Auch für Zivilisten bieten die Uniformen attraktive Möglichkeiten, die Garderobe zu ergänzen. Die meisten Militärhosen lassen sich auftragen, die Jacken kann man umschneidern und »zivilisieren«. Zahllose Kleiderhändler streifen durchs Land und bieten für die geborgenen Stücke bares Geld. Bargeld winkt auch bei einer ganz anderen Form der Leichenplünderung. Besonders hartgesottene Zeitgenossen gehen mit Zangen ausgerüstet auf das Schlachtfeld und brechen den jungen Gefallenen die Zähne aus. Intakte Zähne werden von Handwerkern, die daraus Gebisse fertigen, hoch bezahlt. Hochkonjunktur hat dieses Geschäft zwei Jahre später auf dem allerletzten Schlachtfeld Napoleons. Seither sind die sogenannten Waterloozähne eine Marke.[92] Einer, der das Tun seiner Zeitgenossen auf dem Schlachtfeld beobachtet hat, berichtet:

»Von der geringeren Volksclasse, welche aus allen Gegenden den unermesslichen Wahlplatz besuchte, gingen die wenigsten aus Neugierde dahin, sondern um etwas zu erwerben. Die Art und Weise, wie dieses geschah, was sehr ver-

schieden. Viele bekümmerten sich um Eisen, Lederwerk, Kleidungsstücke und dergleichen gar nicht, sondern sammelten blos Messing, wovon viele 100 Centner in der Folge zu den niedrigsten Preisen verkauft worden sind. Mehrere suchten blos Leder und standen sich sehr gut dabei. Am einträglichsten war die Speculation derer, welche blos Blei und eiserne Kugeln nahmen. … Was übrigens nur einigermaßen brauchbar war, kam nicht in die Erde. Sogar die Mähnen und Schweife der Pferde fand man sämmtlich abgeschnitten. Dieses war eine der einträglichsten Seculationen, weil dieser Artikel überall sehr gut, und bei weitem besser als Eisen und Messing bezahlt wurde. Unter allen diesen Beutesuchenden waren diejenigen die merkwürdigsten, welche den Todten die Kinnladen aufbrachen und die schönsten und weißesten Zähne herausrissen, um sie zum Einsetzen später zu verkaufen. Referent hörte, daß solche Zähne, die nur selten zu haben sind, und statt deren man sich der Zeit mit Kälberzähnen behelfen mußte, sehr theuer bezahlt wurden.«[93]

Dennoch ist es eigentlich verboten, insbesondere Waffen und Militärausrüstung auf dem Schlachtfeld zu plündern. Mehrfach wird die Ablieferung von militärischer Ausrüstung angeordnet:

»Daß Diejenigen, welche sich noch im Besitz von Militair-Effecten befinden, worunter alle Lanzen, Flinten, Carabiner, Pistolen, Säbel, Seitengewehre und einzelne Waffenbestandtheile, Tornister, Patronentaschen, Kartuschen, Kuppel und alles andere Lederwerk, ingleichen Pulver, so wie eisernen und bleyerne Kugeln u.s.w. gehören, hiermit veranlasst werden, alle diese Gegenstände hiesigen Ortes, an den für Leipzig benannten Commissarius … abzuliefern, und dafür eine verhältnißmäßige Bezahlung zu gewärtigen haben.«[94]

Allein das Dorf Holzhausen schafft rund 3 600 Kanonenkugeln jedes Kalibers nach Leipzig und erhält für das Stück einen Groschen.[95]

Im Blatt des Gouvernements werden wiederholt mehrwöchige Gefängnissowie empfindliche Geldstrafen für jene angedroht, die der verordneten Ablieferungspflicht für derartige Militäreffekten nicht nachkommen.[96] Geplündert wird dennoch, auch von den Soldaten der Verbündeten. Besonders gefürchtet sind die irregulären Truppen der russischen Armee. Zwar hatte der Zar befohlen, diese vorzugsweise außerhalb der Stadt lagern zu lassen, doch gerade die Einwohner der umliegenden Dörfer tröstet das wenig. Speziell die Kosaken entwickeln sich rasch zu einer regelrechten Landplage. Ihre Forderungen nach hochprozentigen Getränken aller Art werden bald bei jedem Zusammentreffen eines Sachsen mit den wilden Reitern laut. Außerdem werden Kleidungsstücke, hauptsächlich Schuhe und Mäntel,

Carl Adolf Senff, Victor Prendel, Öl auf Leinwand, 1813/14

von ihnen ohne weitere Umstände nahezu jedem abgenötigt, der ihnen allein gegenübertritt. Auch deutsche Verbündete der Russen nehmen eine durchaus kritische Haltung zu ihren Kampfgefährten aus dem Osten ein. Ein preußischer Soldat, wohl Offizier in der Nordarmee, äußert sich in einem Brief vom 30. Oktober 1813:

> *»… wir kantoniren u haben sehr gute Quartiere da wo die Rußen nicht geplündert haben. Diese infame Nation, die ich wie du weißt nie* [habe] *leiden können, welche sich nur höchst mittelmäßig schlägt u brutal über alle Maassen ist, plündert jezt mehr als je u verheert ganz Deutschland, so das zu fürchten es kömt noch am Ende zwischen unsern beiderseitigen Armeen zu Thäthlichkeiten.«*[97]

Wie aber geht es für die Masse der Leipziger Bürger nach der Schlacht weiter? Nachdem für zwei kurze Tage ein schwedischer General als Stadtkommandant Leipzigs fungiert, übernimmt nach dessen Abkommandierung zum Kriegsdienst Victor Anton Franz von Prendel am 21. Oktober 1813 das Amt. Prendel, ein in Tirol geborener Kosakenführer, hat bis dahin ein abenteuerliches Vagabundendasein in der russischen Armee geführt, in die er wegen seiner schwärmerischen Begeisterung für das ungebundene, wilde Leben der Kosaken eingetreten war. Nun also soll er in der schwer geprüften Stadt und ihrem unmittelbaren Umfeld für Ordnung und einen möglichst raschen Übergang in die Normalität sorgen. Er wendet sich nahezu täglich mit Verordnungen, die in Amtsstuben, an Schwarzen Brettern und Mauern angeschlagen werden, an die Leipziger. Zunächst sind diese von seinen schnurrigen Formulierungen und wiederholten Androhungen drakonischer Bestrafungen irritiert, aber sie erkennen bald den zutiefst gutmütigen Kern unter der rauen Schale des eigentümlichen Mannes. Vor allem die Versorgung der in den zahlreichen Lazaretten der Stadt liegenden Verwundeten und die möglichst rasche Beseitigung der zahllosen Leichen und Kadaver im Weichbild der Stadt gehören zu seinen dringendesten Anliegen. Etliche seiner ersten Anordnungen widmen sich der Beschaffung von Verbandsstoffen und Stroh für Lagerstätten sowie der geordneten Leichenbestattung. Der Zustand der Stadt unmittelbar nach der Schlacht macht es allerdings auch notwendig, rasch und entschlossen die Spuren der Schlacht zu beseitigen.

Unmittelbar nachdem die letzten Schüsse verhallt sind, macht sich auch Ludwig Hußel auf, sich vom Zustand seiner Stadt ein Bild zu machen:

»Die Todten bedeckten alle Straßen, und namentlich in der Vorstadt. Der Verfasser sah oft auf einem kleinen Raume deren acht. Schon nach einer Stunde konnte man unbesorgt überall herumgehen. Aber auf welche Szenen stieß man nun. Der Raum, den Leipzig mit allen Vorstädten einnimmt, wird nicht viel weniger als eine Quadratmeile ausmachen. Hier war selten ein Platz, wenn er nicht mit Häusern besetzt war, wo man nicht gefochten hatte. Überall stieß man auf Todte. Besonders groß war die Anzahl der Pferde. Die Leichen lagen am dichtesten, je mehr man sich dem Ranstädter Thore näherte. Der Ranstädter Steinweg, der von dem sogenannten Mühlgraben durchschnitten wird, gewährte einen vorzüglich schauderhaften Anblick. Dort sahe man überall Menschen und Pferde, die ins Wasser gedrängt, darinnen ihr Grab gefunden hatten, und in scheußlichen Gruppen hervorragten. Hier hatten sich die stürmenden Kolonnen von allen Thoren her, indem ihnen der fliehende Feind als Wegweiser gedient hatte, größtentheils vereinigt, und in den zusammengedrängten Massen ein sicheres Ziel für jeden Schuß gefun-

den. Am grässlichsten sahe es in dem schönen Richterschen Garten, sonst eine Zierde der Stadt, da aus, wo er an die Elster stößt. Dort mußte auch Kavallerie im Handgemenge gewesen seyn, wenigstens sahe ich eine große Menge französischer Kürasse liegen. Am ganzen Ufer sahe man Köpfe, Arme und Füße aus dem Wasser hervorragen. Unzählige, die hier den tückischen Fluß hatten durchwaten wollen, waren ertrunken. Man war eben beschäftigt, die weggeworfenen Gewehre zusammenzutragen, und hatte bereits einen Haufen aufgeschichtet, der weit über Mannshöhe emporstieg.

Rauchende Brandstellen von ganzen Dörfern und Städten, große Verheerungen durch Ueberschwemmungen geben einen traurigen Anblick, aber ein Schlachtfeld ist gewiß das Grässlichste, was je ein Auge sehen kann. … Die Reste von Feuerbränden, das überall zertretene Stroh, Knochen und Fleisch von geschlachteten Thieren, zerbrochene Geschirre, tausenderley Lederwerk, zerrissene Tornister, alte Lumpen, weggeworfene Kleidungsstücke, alle Arten von Pferdegeschirren, zerschlagenen Gewehre, aufgebrochene Wagen und Karren, Waffen aller Art, und tausende sterbende und todte scheußlich zerstümmelte Körper von Menschen und Pferden …«[98]

Es ist besonders das Bild nie gesehenen menschlichen Leides, das die Menschen auch Jahre später nicht vergessen können. Ein anderer Bürger berichtet:

»Am schrecklichsten befanden sich an diesen, wie in den nächsten Tagen, die unglücklichen französischen Blessirten und Gefangenen. Längs den Straßen lagen sie auf Steine hingeschmiegt, die zerschmetterten Glieder vor dem furchtbaren Gewühl der Reuter, Wagen und zahllosen Truppen in Sicherheit zu bringen. Leipzig hatte große Armeekorps durchziehn sehn, aber noch nimmer war eins der größten Heere fast auf einmal dem geschlagenen anderen auf dem Fuße nachgefolgt; seine engen Straßen waren daher verstopft, daß man halbe Stunden warten mußte. Alles, was daher außerdem für jene Unglücklichen geschehen seyn würde, war unter solchen Umständen unmöglich, physisch unmöglich. Wie mancher derselben ward, ohne Zweifel verschmachtet, verblutet, an den Häusern, in denselben, im Koth zertreten gefunden. Viele der Unglücklichen, mehr vom Hunger, als von der Wunde gemartert, schlichen herum und störten im Kehrichhaufen, um Kartoffeln, Aepfelschalen, abgenagte Knochen zu finden. Andere Machten sich über die getödten Pferde her. Wie Gespenster schlichen andere in die Häuser, einen Löffel Suppe zu erflehen. Noch am 21sten fand man einen, der mit einem Stein den Kopf eines Pferdes zermalmte, daran saugte und dann mit einem andern, der etwas brotähnliches Gemisch aufgetrieben hatte, das ekelhafte Mahl theilte.«[99]

Christian Gottfried Heinrich Geißler, Durch Kommandant Prendel für Hehlerei Bestrafte, kolorierte Radierung, um 1814

Innerhalb der Stadt ist es das Polizeiamt, das verfügt, jedes Leipziger Haus habe einen Mann zum Begraben der Toten abzuordnen, was unter Aufsicht der Bürgergarde auch geschieht. Auch französische Gefangene sind als Bestattungskommandos eingesetzt. Ob im Stadtgebiet oder auf den Fluren der umliegenden Dörfer, das Verfahren ist dabei das gleiche. An geeigneter Stelle werden riesige Gruben ausgehoben und die herantransportierten Gefallenen hineingeworfen. Für welche Seite die Soldaten ihr Leben gelassen haben, spielt keine Rolle. Bei manchem Lazarett ist es einfach die Grube an der nächsten Mauer, die die Verstorbenen aufnimmt. Im Leipziger Stadtgebiet ist es besonders der Johannisfriedhof, der die letzte Ruhestätte für Aberhunderte Toter abgibt. Sie werden auf den Hauptwegen der IV. Abteilung eingescharrt, erhalten also nicht einmal im regulären Gräberfeld eine letzte Ruhestätte. Die späteren Friedhofsbesucher werden über die Massengräber hinwegspazieren, allmählich wird man sie ganz vergessen. Bis in unsere Tage stören immer wieder Bauarbeiten die letzte Ruhe der auf einstigem Brachland Bestatteten und bringen so den traurigsten Aspekt jener Tage für kurze Zeit in Erinnerung.

Ähnlich wie in der Stadt verfährt man auch auf den Dörfern des Schlachtfeldes mit den Gefallenen. Hier ist es in den allermeisten Fällen von vornherein die ungeweihte Erde von Feldrainen und Brachflächen, die die Toten aufnimmt. Mitunter lässt es sich auch nicht verhindern, einen Acker als Friedhof zu benutzen.

Der rheinische Courier verliert auf der Heimreise von der Leipziger Messe nach Paris alles, kolorierte Radierung, um 1814

Jene, die viel später erst zu »Helden der Geburtsstunde der Deutschen Nation« stilisiert werden, sind schon ein Jahrzehnt später so gründlich in Vergessenheit geraten, dass der Gutsbesitzer Maximilian Speck von Sternburg in London 1824 die Anschaffung einer Knochenmühle zum Zweck der Düngerproduktion für seinen landwirtschaftlichen Betrieb bei Lützschena tätigt. Das Ausgangsmaterial liefert die Landbevölkerung, die die Überreste Tausender *»der gefallnen Krieger …* [die] *kaum einige Fuss tief in die Erde eingescharrt worden waren, in ansehnlicher Quantität …«* ausbuddelt und sie an den Gutsherrn verkauft, der *»durch das producierte Mehl seinen Aeckern und Wiesen eine widerhaltende Kraft«*[100] zu geben weiß.

Einige wenige Grabdenkmale gibt es – jedoch nur für Gefallene der Verbündeten, meist von deren Kameraden gesetzt. Hier sind besonders das für John Motherby, der als Landwehroffizier bei der Erstürmung des Grimmaischen Tores fiel, die Denksteine für die russischen Generale Iwan Jegorowitsch Schewitsch, Nikolai Nikolajewitsch Kudaschew und Andreas von Jurgenjew, die heute in der Krypta der Russisch-Orthodoxen Gedächtniskirche ruhen, und das für den ebenfalls russischen General Gotthard Johann Manteuffel zu nennen. Der einzige Gedenkstein für einen der zahlreichen Gefallenen der Armee Napoleons wird dem Fürsten Jozef Poniatowski 1813 von seinem ehemaligen Stabschef Alexander Rozniecki errichtet. Am 24. Oktober finden Fischer am Ufer des Elstermühlgrabens den Leichnam des ertrunkenen Fürsten Poniatowski. Am folgenden Tage werden fünf gefangene polnische Generale ins Rathaus gebracht, wo der Leichnam aufgebahrt ist. Die Kampfgefährten des Ertrunkenen bestätigen in einem Schriftstück die Identität des Toten und am 26. Oktober wird er unter Glockengeläut und Kanonensalut in der Ratsgruft auf dem Johannisfriedhof beigesetzt. Im September 1814 ziehen aus Frankreich zurückkehrende polnische Truppen über Leipzig in ihre Heimat und bringen die sterblichen Überreste ihres ehemaligen Kommandeurs nach Polen, wo sie heute in der Königsgruft des Wawel ruhen.

Ein Namenloser hingegen liegt am Elsterufer bei Connewitz unter einem Erdhügel, der als Franzosengrab bekannt ist. Der Überlieferung nach deckt die Erde einen französischen Offizier zu, den eine junge Frau im Sommer 1813 als Verwundeten gesund gepflegt hatte. Sie verliebte sich in ihn und verlor ihn im Grauen der Völkerschlacht für immer. Am Johannistag, so die Legende, sei das Grab noch Jahrzehnte lang geschmückt worden. Wohl die einzige romantische Erinnerung an die Völkerschlacht überhaupt! Der Alltag nach der Schlacht lässt wenig Raum für sehnsuchtsvolle Erinnerung.

Eine eigentümliche Beobachtung macht in diesem Zusammenhang der spätere Direktor der Nikolaischule, der auf dem südlichen Schlachtfeld zahlreiche völlig ausgeraubte und nackte, aber streng Richtung Osten ausgerichtete Leichen sieht, auf deren Leib jeweils drei kleine Häufchen Erde liegen. Sicherlich zu Recht vermutet der Beobachter, dass die Schlachtfeldplünderer trotz ihrer Tätigkeit mit den archaisch anmutenden symbolischen Handlungen Respekt vor den Ausgeplünderten zeigten. Die Annahme, den letzten Dienst für die Ewigkeit hätten den Gefallenen wohl Russen geleistet, dürfte gewiss zutreffen.[101] Auf dem Schlachtfeld geplündert haben Angehörige aller Länder und Nationen. Dass jemand dem Toten dabei mit derartiger Ehrfurcht entgegentrat, ist uns nur durch diesen kleinen Bericht bekannt.

Angesichts der unzähligen unbeerdigten Leichen und Kadaver ist die Seuchengefahr groß. Auch unter den zahlreichen Lazarettinsassen grassieren fiebrige Erkrankungen, unter denen der Flecktyphus die häufigste ist. Allein im Dezember 1813 sterben in den Lazaretten 1 850 Mann am sogenannten Nervenfieber.

Neben der wiederholten und zum Teil mit der Androhung drastischer Strafen kombinierten Aufforderung des Stadtkommandanten, den Unrat auf den Straßen zu beräumen, ist es vor allem eine obskure Erfindung Prendels, die der Seuchengefahr Paroli bieten soll. Angesichts der allgemeinen Annahme, Krankheiten würden durch schlechte Dünste verbreitet, versucht der Stadtkommandant, den Teufel mit dem Belzebuben auszutreiben, und ordnet an, an den Straßenecken Haufen von Pferdemist zusammenzutragen und anzuzünden. Die von den Leipzigern sogenannten Prendel'schen Räucherkerzen bleiben ihnen noch lange Zeit im Gedächtnis; die Ausbreitung des Typhus zu verhindern, vermögen sie natürlich nicht. Allein zwischen dem 21. November 1813 und dem 9. April 1814 erkranken etwa 1 920 Leipziger an der Seuche. Rund 500 von ihnen sterben.

Bei all dem Elend gibt es doch auch immer wieder Zeichen von Hoffnung und Solidarität mit jenen, die das Unglück der Schlacht völlig unvorbereitet getroffen hat. So trifft der recht wohlhabende Mühlenbesitzer Hemme aus Wöhlitz bei Schkeuditz bereits am 19. Oktober mit einem Dutzend Wagen voller Brot, Mehl und Fleisch in Leipzig ein und verteilt die Gaben unentgeltlich an die leidgeprüfte Bevölkerung. Späterhin errichtet Hemme auf seinen Feldern zudem mehrere provisorische Lazarette. Auch aus Orten der näheren Umgebung treffen in den nächsten Tagen Nahrungsmittelspenden in Leipzig ein. Angesichts des kaum zu deckenden Bedarfs sind derartige Gesten aber meist nur Tropfen auf den heißen Stein.

Am 1. November 1813 wenden sich drei Vertreter der Leipziger Kaufmannschaft mit einem Hilferuf an die einzige Nation, die wohl über ausreichende Hilfsmittel verfügt – England:

> *»Ein hartes Schicksal hatte bis dahin unsere Stadt betroffen. Zu den Lasten und Requisitionen jeder Art, womit sie überhäuft wurde, kam noch die Hemmung des Handels und der Verlust, der aus der gänzlichen Aufhebung unserer zwei Hauptmessen in diesem Jahr entstand. Unsere Hülfsquellen sind erschöpft, und wir haben jetzt eine ungeheure Menge Kranker und Verwundeter … nebst unseren eigenen Armen zu versorgen. … Wir sehen vor unsern Augen viele Tausend Bewohner der umliegenden Flecken und Dörfer, Gutsbesitzer, Pächter, Geistliche, Schulmeister, Künstler jeder Art, welche noch vor wenigen Wochen in größerm oder geringerm Wohlstande lebten … und die nun, ohne Obdach, All des Ihrigen beraubt, mit ihren Familien fast Hungers sterben. Was der Fleiß mehrerer Jahre erworben hatte, wurde in wenig Stunden vernichtet. Alles um uns her ist eine große Wüste. Die zahlreichen Dörfer und Flecken liegen fast alle ganz oder zum Theil in Asche; die noch stehenden Gebäude sind von Kugeln durchlöchert, dem Einsturz nahe und gänzlich ausgeplündert; Scheunen, Keller und Böden sind leer, die Vorräthe jeder Art hinweggeführt; Alles, was zur Wirthschaft gehört, Brauereien und Brennereien, Gärten, Pflanzungen, Fruchtbäume, Alles, Alles ist zerstört; die Feuerung für den Winter, Thüren, Fußböden, Fensterladen, alles Holzwerk jeder Art ward in die Wachfeuer geworfen; die Pferde und alles Vieh wurde fortgeschleppt und viele, viele Familien betrauern den Verlust geliebter Verwandter … Zu Euch, wohltätige, freie, glückliche Britten, deren Boden kein feindlicher Fuß betreten hat … zu Euch wendet sich die Stadt Leipzig um Hülfe für die Bewohner der umliegenden Flecken und Dörfer …«*[102]

Das Bittgesuch, das die Situation in schwärzesten Farben malt, wird durch ein beigefügtes Zeugnis des Leipziger Bürgermeisters bestätigt, der sich als Amtsperson eines Kriegsgegners, mit dem noch kein Friedensvertrag geschlossen ist, wohl nicht direkt an den »Feind« wenden kann. Den Leipziger Bankiers sind derartige Schranken nicht auferlegt. Es ist wohl auch dem großen Engagement des in London ansässigen, erfolgreichen sächsischen Buchhändlers Rudolph Ackermann zu verdanken, dass der Leipziger Hilferuf in England an den richtigen Stellen Gehör findet. Ackermann lässt den Aufruf in Tausenden Exemplaren drucken und verteilen und setzt fortan einen beträchtlichen Teil seiner Arbeitszeit für das mildtätige Unterstützungswerk ein. Die von ihm gegründete »The Westminster Association« kann bald auf die Unterstützung der Londoner Gesellschaft zählen. Es ist der Erzbischof von Canterbury, der schließlich gar über den Prinzregenten erreicht, dass das englische Parlament 100 000 Pfund Sterling an Hilfsgeldern für das notleidende Deutschland bewilligt. Davon erhält Sachsen immerhin 35 700 Pfund. Insgesamt trägt Ackermann in London rund 250 000 Pfund für seine kriegsgebeutelte Heimat zusammen. Auch aus der Schweiz und Dänemark treffen gesammelte Hilfsgelder ein.

Da es den meisten Leipzigern deutlich besser als ihren Landsleuten in den Dörfern der Umgebung oder gar den Verwundeten in den Lazaretten geht, engagieren auch sie sich für die Ärmsten der Gesellschaft. So bildet sich ein Unterstützungsverein für Leipzig und Umgebung und es werden *»Sammlungen von Sachen aller Art«* durchgeführt, die *»für den ausgeplünderten Landmann ein willkommenes Geschenk«* darstellen. Um die von ihm gesammelten Gelder möglichst gerecht zu verteilen, erhebt der Verein bei *»vertrauenswürdigen Personen«* wie den Pastoren oder sonstigen Amtspersonen von insgesamt 60 Ortschaften rund um Leipzig Angaben zu den erlittenen Verlusten. Rechnet man hier und da die eine oder andere Übertreibung ab, macht die Aufstellung doch deutlich, wie stark gerade die Bauern der Dörfer durch die Schlachtfolgen in ihrer Existenz gefährdet sind. Allein die Gebäudeschäden werden mit 806 351 Talern angegeben. Hinzu kommt der Verlust von 1 080 Pferden, 3 295 Stück Rindvieh, 10 265 Schafen, 3 808 Schweinen, Getreide und Lebensmitteln aller Art im Wert von 802 899 Talern und der Verlust an Hausrat und sonstigen Wertgegenständen in Höhe von 630 734 Talern. Bei aller Spendenfreudigkeit können weder die Landsleute noch die Engländer diese Verluste am Ende wettmachen. Auf dem meisten bleibt der Geschädigte sitzen. Dennoch tun die Leipziger auch weiter, was nur irgend möglich ist. Natürlich fehlen auch die bis heute bei derartigen Wohltätigkeitsaktionen zum Einsatz kommenden Veranstaltungen wie Konzerte oder Gemäldeausstellungen, deren Einnahmen den durch die Schlacht Geschädigten zugutekommen, nicht.

Christian Gottfried Heinrich Geißler, Der Leierkastenmann, kolorierte Radierung, um 1814

Mit besonderem Nachdruck geht Stadtkommandant Prendel gegen Diebe und Hehler vor. Er will unter allen Umständen vermeiden, dass in der Ausnahmesituation, in der sich Leipzig befindet, ein gesetzloser Zustand entsteht. Zwar droht er mit gestohlenen Waren handelnden Trödlern nur an, sie mitsamt ihrer Verkaufsbude und allen gestohlenen Waren in Brand zu stecken, vor mittelalterlich anmutenden Strafen schreckt er dennoch nicht immer zurück. So lässt er während der Ostermesse 1814 ein Dutzend gefangener Diebe mit Hörnern aus Papier dekorieren und von Kosaken begleitet durch die Stadt bis zum Rossplatz führen, wo sie vor dem Hôtel de Prusse mit mehreren Peitschenhieben auf das Gesäß bestraft werden. Auch der mehrtägige Aufenthalt eines »liederlichen Frauenzimmers« im russischen Wachlokal am Rathaus reizt seinen Ordnungssinn. Die Unschicklichkeit der jungen Dame wird auf Prendels Befehl geahndet, indem diese in einem Papierkleid und mit einem papierenen Hut auf dem Marktplatz dem öffentlichen Spott preisgegeben wird. Folgt man dem Inhalt der Anschläge, wird bald deutlich, dass sich die Situation im Frühjahr 1814 doch merklich entspannt und sich auch der Herr Stadtkommandant wesentlich undramatischeren Vorkommnissen zuwenden kann.

Diesmal auf der richtigen Seite?

Die sächsische Armee auf Seiten der Verbündeten

Sachsen steht also seit der Niederlage bei Leipzig unter alliierter Verwaltung und doch zieht auch die sächsische Armee, deren oberster Dienstherr als Kriegsgefangener in Friedrichsfelde sitzt, mit den bisherigen Feinden gegen Frankreich in den Krieg? Die Verbündeten, die auch nach dem Leipziger Sieg den Feldzug gegen Napoleon fortsetzen, haben vor dem energischen Gegner, der in der Vergangenheit nicht nur einmal für eine Überraschung gut war, allen Respekt. Ihre Heere können für die weitere Auseinandersetzung mit Napoleon gar nicht groß genug sein. Weil das hierfür notwendige Geld immer knapp ist, greift man nun auch gern auf die Truppen des bisherigen Kriegsgegners zurück.

Auf Befehl des russischen Zaren vom 23. Oktober 1813 übernimmt es der ehemals sächsische und nunmehr russische Generalleutnant Johann Adolf von Thielmann, aus den sächsischen Truppen ein eigenes Armeekorps zur Unterstützung der Verbündeten unter seinem Kommando zu bilden. Das Korps wird dem Kronprinzen von Schweden, später dem Herzog Ernst von Sachsen-Coburg unterstellt. Noch 1813 wendet sich der sächsische General Karl Christian Erdmann von Lecoq schriftlich an einen untergebenen General, um ihn darauf aufmerksam zu machen, dass die sächsischen Einheiten keineswegs vorbehaltlos der Sache der Verbündeten anhängen:

»Collmar, den 3. Novbr. 1813
Die Meinung, daß die Sächs. K. Truppen der Person des Napoleon Bonaparte besonders anhängen, hat unter den Einwohnern des hiesigen Departements so viel Ueberzeugung gefunden, daß ich nun mehro … daß zeither beobachtete Stillschweigen brechen muß.

Daß der gemeine Soldat sich durch Eigennutz zu unverantwortlichen Aeußerungen verleiten lasse, würde mich nicht sehr befremden, daß aber sogar den Offizieren der Vorwurf werden soll, so ganz gegen das Interesse ihres Königs und ihres Vaterlandes zu handeln, dies ergreift mein Jnnerstes und muß mich nothwendig zu der Ueberzeugung führen, daß nicht in allen Offizier-Korps der wahre Geist der Eintracht hersche. Wenn ich auch nicht allen, was mir hierunter zu Ohren gekommen ist, Glauben beimessen will, so darf ich doch mehrere mir gemachte Anzeigen als vollkommen wahr annehmen. Ich gehe nicht in weitere Erörterungen ein, weil zur Zeit noch keine persönliche Anklagen geschehen sind. Unüberlegte Aeußerungen wie die: daß das

Schicksal Sachsens günstiger ausgefallen seyn würde, wenn Bonapartes Unternehmung für ihn glücklicher geendet hätte – gehören zu den allgemeinen Anklagen – Indem ich Ew. Hochwohlgeb. meinen Kummer hierüber nicht berge, veranlasse ich Sie mit allen Nachdruck dahinzuwirken, daß künftig hin weder durch Worte noch durch Handlungen eine Anhänglichkeit an die Person des Napoleon Bonaparte oder das von ihm befolgte System ausgesprochen werde. … – Gegen die Mannschaft ist mit harter körperlicher Züchtigung zu verfahren. Ich bin indoch überzeugt, daß diese nicht in Strafe verfallen wird, so bald die Herrn Offiziere ihre Pflichten streng erfüllen.

von Lecoq.«

Dennoch werden die Truppen rasch bei einigen Operationen mit nachgeordneter Bedeutung, wie der Belagerung der Festung Torgau, eingesetzt. Im Januar 1814 treten sie den Marsch nach Holland an.

Zunächst scheint es sicher, dass der seit September tagende Wiener Kongress die vollständige Angliederung Sachsens an Preußen beschließen wird. So hält es niemand für notwendig, Offiziere und Soldaten in besonderer Weise neu in Eid und Pflicht zu nehmen. Thielmann schafft einzig die bisherigen Feldzeichen ab und ersetzt sie durch grün-schwarz-gelbe.

Erst als Charles-Maurice de Talleyrand-Périgord, der französische Diplomat auf dem Kongress in Wien, nachdrücklich beginnt, den Erhalt Sachsens als Staat zu fordern, und die sächsischen Prinzen Anton und Maximilian mit der katholisch-österreichischen Partei in Dresden immer lauter die Rückkehr Friedrich Augusts I. in sein Königreich anmahnen, beginnt sich die allgemeine Stimmung unter den Sachsen zu wandeln.

Als der *Rheinische Merkur* in einem Artikel unter dem Titel »Sachsens Pflicht und Recht« dem Aufgehen Sachsens in Preußen das Wort redet, rückt dem Herausgeber Joseph von Görres in Koblenz ein sächsischer Hauptmann aufs Zimmer, arretiert ihn und bringt ihn zur Hauptwache. Thielmann richtet daraufhin einen Befehl an die Generale des sächsischen Armeekorps, indem er die Tat verurteilt und Meinungen wie die Görres' unter die Pressefreiheit stellt. Da jeder Sachse ohnehin seines Eides gegen seinen König entbunden sei, würde er im Übrigen jeden, der einen anderen Souverän als die alliierten Mächte anerkenne, unweigerlich aus der Liste der Armee streichen.

Noch deutlicher wird die kompromisslose Haltung Thielmanns, als er zum Geburtstag König Friedrich Wilhelms III. von Preußen am 3. August 1814 seinen Toast auf diesen mit der Hoffnung verbindet, dass bald das ganze nördliche protestantische Deutschland unter seinem Zepter versammelt sein möge. Eine Reihe der anwesenden sächsischen Offiziere entleert daraufhin demonstrativ ihre Gläser auf den Tellern. Die Stimmung unter den Sachsen ist also nicht durchweg gut. Man verübelt den Preußen ihr harsches Umgehen mit dem sächsischen König und demonstriert gerade jetzt eine trotzige Treue zum kriegsgefangenen Monarchen.

Im Februar 1815 stehen die Teilungsabmachungen des Wiener Kongresses für Sachsen fest: Preußen wird mehr als die Hälfte Sachsens erhalten, das Königreich selbst aber bleibt bestehen. Daraufhin fordert Thielmann die sächsischen Offiziere auf zu wählen, in welchem Heer sie künftig dienen wollen. Gleichzeitig sollen Listen der Mannschaften übergeben werden, aus denen deren Wohnort hervorgeht.

Alle drei sächsischen Generale treten in preußische Dienste. Das sächsische Korps wird am 10. April unter dem Oberbefehl Gneisenaus in die Gegend von Lüttich verlegt, wo Blücher einige Tage später selbst eintrifft und sächsische Truppen die alleinige Besatzung des Hauptquartiers bilden.

Auf Befehl seines Königs soll Blücher aus dem sächsischen Armeekorps jetzt zwei Brigaden bilden. Die erste aus den Soldaten künftig preußischer Provinzen, die zweite vornehmlich aus Soldaten der auch späterhin noch sächsischen Gebiete. Die Offiziere dürfen den künftigen Brotherrn wählen.

Am Abend des 2. Mai belagern zornige sächsische Soldaten murrend das Hauptquartier der Preußen und räsonieren gegen die anstehende Teilung. Sie haben einen Eid auf ihren König geschworen und fühlen sich daran gebunden. In die preußische Armee können und wollen sie so nicht eintreten. Vorübergehend beruhigen herbeigeeilte sächsische Offiziere die Lage, doch wenig später ist die Menge wieder da und diesmal wächst sie zusehends. Einige Fenster des Blücher'schen Hauses gehen zu Bruch. Mehrere preußische Offiziere gehen mit dem blanken Säbel auf die Sachsen los, diese schreien um Hilfe, weitere Sachsen strömen hinzu, der Generalfeldmarschall ist gezwungen, aus seinem eigenen Hauptquartier durch die Hintertür zu flüchten. Der Skandal ist perfekt.

Den sächsischen Offizieren gelingt es bald, wieder Ordnung herzustellen und alle sächsischen Truppen aus Lüttich Richtung Namur in Marsch zu setzen. Der aufgebrachte Blücher ordnet eine strenge Untersuchung und die Erschießung der Rädelsführer an. Als kein Sachse reden will, wird eine Dezimierung beschlossen. Die Soldaten müssen durchzählen; jeder Zehnte soll erschossen werden. Jetzt fallen doch Namen. Als sieben »Rädelsführer« feststehen, wird die archaische Prozedur beendet, die sieben werden hinter die Front geführt und dort umgehend erschossen. Die Fahne des an den Tumulten beteiligten Gardebataillons wird verbrannt. Die übrigen entwaffneten Bataillone treten ihren Marsch in die Kriegsgefangenschaft an.

Die nach der Exekution begonnene Aufteilungsprozedur der sächsischen Truppen vollzieht sich schließlich doch behutsamer als preußischerseits ursprünglich beabsichtigt. Man einigt sich darauf, zunächst das Material in sächsisches und preußisches aufzuteilen und lässt sich damit so lange Zeit, bis die förmlichen Eidesentlassungen des sächsischen Königs eintreffen. Die

Die Zusammenkunft der zwei Brüder Christoph und Christian Patzsch im Lager in Frankreich An. 1815, Aquarell, 1815

nach der Teilungsprozedur übrig gebliebenen sächsischen Truppen werden zunächst Herzog Arthur Wellesley von Wellington angedient, der allerdings auf den Befehl dankend verzichtet.

Schließlich wird die nunmehrige sächsische Armee in Osnabrück neu formiert und nimmt 1815, 16 000 Mann stark, noch an der Blockade von Schlettstadt und Neubreisach teil. An kriegsentscheidenden Operationen beteiligt die Sachsen aber besser niemand.

Ein berührendes Schriftstück über die geschilderten Vorgänge hat sich bis heute erhalten. Mit krakeliger Schrift und abenteuerlicher Orthografie zu Papier gebracht, stammt es von der Hand eines der an den Vorgängen beteiligten Gardegrenadiere. Fast scheint man das Bild mehrerer aufgeregter Soldaten vor sich zu sehen, die dem Schreibkundigen unter ihnen in die ungelenk geführte Feder diktieren, was die Nachwelt über einen Vorgang erfahren soll, der sie zutiefst aufgewühlt hat:

> *»den 2ten 3ten und 4ten May 1815 an den Gränzen von Brabanth geschrieben allen teutschen natzionen*
> *Schauderhafte Verbrechen wurden in Eure mitte begangen. Voll Vertrauen auf die Einladung der Russischen und Preußischen Heerführer traten am 18 october 1813 daß Königl. Sächsi. armekorbs bey Leipzig in die Reihen der alllirten welchees mitt offenen armen empfingen. … Unser Korbs unther preußischen Befehlen … einem Herführer unthergeben welcher Eid und Treu gegen König und Vatterland gebrochen die Pflichten eines Redlichen Soldathen und dankbahren untherdahnen Verletzt hatte mitt gierigen augen Verschlangen schon die preußischen offiziere ihre beute Sie wolten ernten wo sie nicht gesäht haben unseres inneres empörthe sich bey den gedanken an Heimath König und Vatterland an Eid und menschenwürde … da stürzte General Muffling nebst mehreren begleitern mitt bloßer wehre und den Pöbel haftesten außdrücken und schimpfworthe »Sächsische Hunde« auf uns ohnbewaffnete loß. … die schon lange getragene Qahl Einer Verzweiflungsvollen Lage trieb unser rachgefühl in diesem augenblick über die grenzen der besonneheit … plötzlich um zingelt enthwafneth und mehrere brave männer ohne Standrecht ohne Zuziehung unser ofizire ohne frist zur vorbereitung zum Tothe geführth Sie starben als … Soldathen mitt ohn verbundenen augen ihr leztes worth war König u Vatterland – die von unserm König mitt dessen nahmenszuge versehene Rautenkranz-Regimentsfahne, welche uns und unsre Cameratten zum Siege geführt hatt wurde von Mufflings Händen zerissen und verbrannth daß Regementh wurde mitt außnahme Einiger weniger einem fremden feld herrn zugeführt*
> …
> *was auch kleißnerische Hände schreiben oder drucken mögen wenigsten bleibt uns der Trost den Eid der Treue, der anhänglichkeith an unseren rechtmäßigen Monarchen, welche Fürsten und ihre Rathgeber nicht mehr zu wollen scheinen, selbst bis zum Tothe mitt … bidersinbewahrt zu haben*
> *die soldaten des König Sächs. Garde Grenadir Regementh«*

Am 17. Juni 1815 veröffentlicht die *Leipziger Zeitung* einen Aufruf, die Hinterbliebenen der sieben namentlich genannten bei Namur erschossenen Grenadiere durch Geldspenden zu unterstützen: Wer seine Abneigung gegen das beutegierige Gebaren Preußens deutlich machen will, soll sein Scherflein für die hinterbliebenen Angehörigen der Opfer preußischer Militärjustiz beitragen. Die Spenden fließen reichlich.

Noch mehr Freiheitskämpfer

Freiwillige Sachsen

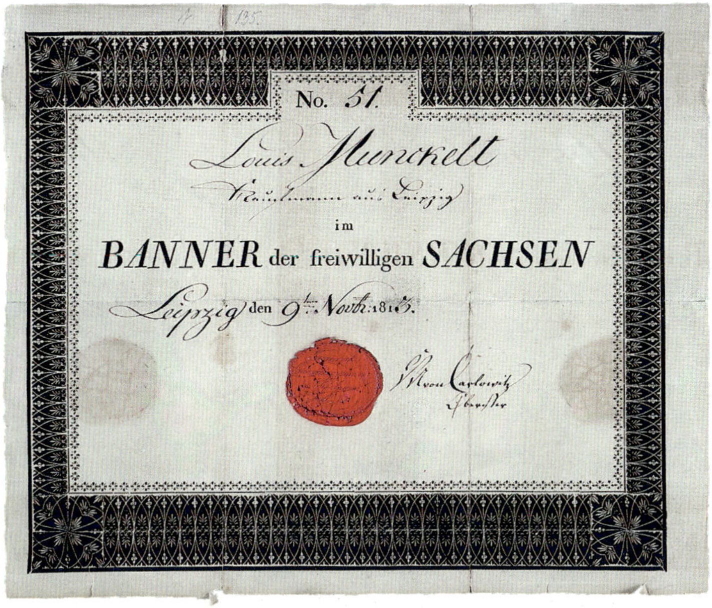

No. 51.

Louis Munckelt

im

BANNER der freiwilligen SACHSEN

Leipzig den 9ten Novbr. 1813.

Bestätigung über den Dienst des Leipziger Kaufmanns Louis Munckelt im Banner der freiwilligen Sachsen, Leipzig 9. November 1813

Doch nicht nur die regulären sächsischen Truppen sollen die Verbündeten unterstützen. Das Generalgouvernement ordnet auch die Einrichtung einer Landwehr an. Wie wenig ausgeprägt die Neigung manches Leipzigers zum Dienst für die »gute Sache« ist, machen einige Einträge aus dem Protokollbuch des Leipziger Quartieramtes vom Herbst 1813 deutlich. Die im Stadtgeschichtlichen Museum Leipzig verwahrte Kladde diente offensichtlich auch der Nachrichtenübermittlung und dem Gedankenaustausch der im Quartieramt zu verschiedenen Tageszeiten Diensttuenden. Einer der im Quartieramt Beschäftigten teilt mit, er sei zum Dienst in der Landwehr aufgerufen, würde sich diesem mit Verweis auf seine Unabkömmlichkeit aber gern entziehen. Allerdings fürchte er wegen seines unpatriotisch erscheinenden Handelns um seine Reputation bei den Kollegen. Die Sorge ist völlig unbegründet. Alsbald reduzieren die Kollegen den Gedankenaustausch auf den einzig interessierenden Punkt: Sie fragen, wann er die angestrebte Befreiung vom Landwehrdienst zu feiern gedenke. Zumindest hier hält sich der tätige Patriotismus augenscheinlich in Grenzen.

A. Gocht, Das Unglück der sächsischen Freiwilligen bei Miltenberg, den 12. April 1814, Lithografie, um 1840

Der Sieg der Verbündeten in der Völkerschlacht, die Verfolgung Napoleons, schien jenen Leidenschaftlichen recht zu geben, die schon im zeitigen Frühjahr voller glühendem Idealismus den Anbruch des Kampfes für Freiheit und Selbstbestimmung gekommen sahen. Dennoch sind unsere Angestellten im Quartieramt nicht die einzigen, die so ihre Zweifel haben. Auch beim höheren Verwaltungsbeamten Goethe ist von Euphorie keine Rede. Am 13. Dezember 1813 monologisiert er im Gespräch mit dem Jenaer Universitätsprofessor Heinrich Luden:

> *»Glauben Sie ja nicht, daß ich gleichgültig wäre gegen die großen Ideen Freiheit, Volk, Vaterland. Nein; diese Ideen sind in uns; sie sind ein Teil unsers Wesens, und niemand vermag sie von sich zu werfen. Auch liegt mir Deutschland warm am Herzen. Ich habe oft einen bitteren Schmerz empfunden bei dem Gedanken an das deutsche Volk, das so achtbar im einzelnen und so miserabel im ganzen ist. … Sie sprechen von dem Erwachen, von der Erhebung des deutschen Volkes und meinen, dieses Volk werde sich nicht wieder entreißen lassen, was es errungen und mit Gut und Blut teuer erkauft hat, nämlich die Freiheit. Ist denn wirklich das Volk erwacht? weiß es, was es will und was es vermag? … Der Schlaf ist zu tief gewesen, als daß auch die stärkste Rüttelung so schnell zur Besinnung zurückzuführen vermöchte. Und ist denn jede Bewegung eine Erhebung? Erhebet sich, wer gewaltsam aufgestöbert wird? Wir sprechen nicht von Tausenden gebildeter Jünglinge und Männer, wir sprechen von der Menge, von den Millionen. Und was ist denn errungen oder gewonnen worden? Sie sagen, die Freiheit; vielleicht aber würden wir es*

richtiger Befreiung nennen; nämlich Befreiung; nicht vom Joch der Fremden, sondern von einem fremden Joche. Es ist wahr: Franzosen sehe ich nicht mehr und nicht mehr Italiener, dafür aber sehe ich Kosaken, Baschkiren, Kroaten, Magyaren, Kassuben, Samländer, braune und andere Husaren.«[103]

Jetzt also, wo auch im sächsischen Königreich keine Franzosen oder Italiener mehr zu erblicken sind, sollen die Sachsen gemeinsam mit Goethes Kosaken, Baschkiren, Kroaten und braunen Husaren in den Kampf ziehen. Schon am 31. Oktober 1813 hat der Gouverneur Sachsens, Fürst Repnin, in einem Aufruf die Aufstellung einer Freiwilligeneinheit, des sogenannten Banners der freiwilligen Sachsen, verkündet. Wer es sich leisten kann, die Ausrüstung für Uniform, Bewaffnung und vielleicht auch ein Reitpferd selbst zu finanzieren, tritt in diese Einheit ein, die nunmehr an der Seite der Verbündeten gegen Napoleon kämpfen soll. Die Einheit wird in Leipzig zusammengestellt und ausgerüstet und umfasst 92 Offiziere, 2226 Mann und 692 Pferde.

Superintendent Heinrich Gottlieb Tzschirner und der Philosophieprofessor Wilhelm Traugott Krug rücken ebenfalls ins Feld: Tzschirner als Feldpropst und Krug als Reitender Jäger. Der ehemalige Rektor der Leipziger Universität komponiert gar einen Schlachtgesang für jene Sachsen, die nun diesmal auf der absolut richtigen Seite kämpfen sollen:

»Es lebe das Banner! Das Banner soll leben!
Kommt, Brüder und lasset die Hände uns geben!
Das Banner zieht aus in das blutige Feld,
Zu lösen vom fränkischen Joche die Welt.

Was willst du, Franzos, in Germaniens Auen?
Willst herzen und küssen unsere Frauen?
Du Bube, wir wollen dich lehren zumal,
Zu herzen und küssen den blutigen Stahl!
…«[104]

Allzu eilig hat man es mit dem Zug »ins blutige Feld« wohl nicht gehabt. Ein Zeitgenosse beklagt, dass man lange Zeit hauptsächlich um Schnitt, Farbe und Dekoration der Uniformen gestritten habe, statt sich darum zu sorgen, schnellstens eine einsatzbereite Truppe zu schaffen. Die am Ende prächtig ausstaffierte Einheit wird darum auch später der Garde des Zaren zugeschlagen. Neben einigen unbedeutenden Scharmützeln nimmt der Banner 1814 nur an den letzten Tagen der Belagerung der Festung Mainz teil. Der Bericht des späteren Leipziger Kaufmanns Ludwig Ritter, der als junger

Mann voller Eifer und Abenteuerlust in den Banner eintrat, ist uns erhalten geblieben. Während sich Ritter im Einerlei unentwegter Märsche und Biwaks immer wieder nach dem ehrenvollen Einsatz auf dem Schlachtfeld sehnt, sieht die Wirklichkeit, als er tatsächlich auf den Feind trifft, anders aus. Bei der Belagerung von Mainz schiebt Ritter häufigen Vorpostendienst:

> »*Nach und nach befreundeten wir uns mit dem feind. Beym patrouiliren riefen Jene: braves Saxons, soyons nous amis! und winkten mit Taschentüchern uns zu nähern. Es wurden Posten ausgestellt um vor Entdeckung sicher zu seyn dann ritten wir zueinander schüttelten uns die Hände und frühstückten gemeinschaftlich. War dies vorüber sprengten auseinander feuerten Pistolen und Karabiner in die Luft den feld…kommandanten meldend: Auf einige feindliche Reiter gestoßen zu seyn welche nach einigen gewechselten Schüssen sich eiligst zurück gezogen.*«[105]

Kurz darauf beendet der Frieden von Paris auch die Belagerung der Festung und der Banner tritt den Heimweg an. Wie wenig diese jungen Leute daheim allzu oft gemachte Erfahrungen mit einer vulgär und provokativ auftretenden Soldateska zum Nachdenken gebracht haben, zeigt der nachfolgend geschilderte kleine Vorfall. Ritter ist mit seinen Husaren auf dem Rückmarsch in die Heimat und langt in einem Dorf in der Nähe Hanaus an:

> »*… als wir dahin kamen stand die Einwohnerschaft mit Flinten und Spießen bewaffnet, davor aufgestellt und sendete einen Abgeordneten entgegen mit der Erklärung: daß hier Einquartierung genug gelegen und daher kein Mann eingenommen würde; außerdem der Landsturm bereit stünde unser Eindringen zu verhindern! Unser Offizier lächelte und wies seine Quartierbillets hervor. Mann antwortete daß mit Gut und Blut dem gewaltsamen Eindringen sich widersetzt werden sollte. Jetzt ließ der Lieutnant Front machen, den Trompeter zum flach Einhauen blasen. In einem Chog warfen dreißig Husaren den zwey Hundert Mann starken Landsturm über den Haufen und die Polterer wurden von den Husaren gewaltig durchgefuchtelt; auch verfuhren dann im Quartier nicht schonend mit den Wirthen. sie mussten das Beste auftragen zur Strafe für Widersetzlichkeit!*«[106]

Die Teilung Sachsens beendet wenig später die kurze und militärisch ereignislose Geschichte des Banners durch seine Auflösung.

Leipzig feiert wieder

1814. Der erste Jahrestag der Schlacht

Totenmesse auf dem Leipziger Schlachtfeld, Radierung, um 1814

Hatte man im August 1813 noch den Geburtstag Napoleons gefeiert, so sieht man sich auch im folgenden Jahr genötigt, pflichtschuldigst den Ehrentag eines Mächtigen, der über Wohl und Wehe Leipzigs entscheidet, festlich zu begehen. Auch diesmal ist es nicht der Geburtstag des eigenen Königs, der immer noch in der preußischen Kriegsgefangenschaft sitzt, sondern der Ehrentag des russischen Zaren. Obgleich die Herren im Irrtum befangen sind, wenn sie den orthodoxen Feiertag des Heiligen Alexander mit dem in Sachsen üblich zu feiernden Geburtstag verwechseln. Wie auch immer, Oberst Prendel hat offensichtlich die Angestellten des Leipziger Quartieramtes damit beauftragt, sich um die Ausgestaltung des Festes zu kümmern. Wie dieses ablief, schildern die entsprechenden Eintragungen im Protokollbuch:

> *»den 9. Sepbr.*
> *Die Stadt Leipzig kann dem Drengen ihres Herzens nicht widerstehen ihre Freude über das am 11 dieses fallende Geburtsfest S.M. des K. Alexander an den Tag zu legen, und hat als einen kleinen Beweis davon den Beschluß gefaßt die in den Cavernen und dem Place de repos liegenden Soldaten mit einem Extrafressen u. Saufen zu erfrischen die Herren Officiere hingegen sollen im Hôtel de Prusse mit etwas Speise und Trunk jedoch nicht nach … ihrem eigenen Appetit, sondern nach in Deutschland gebräuchlichen Mäßigkeit erquickt werden.*

Gerhard von Kügelgen, Siegfried August Mahlmann, Öl auf Leinwand, um 1810

Die Honeure hierbey zu machen dürfte dahero wohl denen an diesem Tag du jour seienden Herren Stadt Offiziere zukommen, und ich ersuche daher Herrn Lieut. Haussner, Archiv Kooltz, Notenfabrik sich diesem Geschäft gefälligst zu unterziehen.

deferne jedoch einer von Ihnen Abhaltung hätte sein Amt einen anderen Herrn Collegen geneigt zu übertragen

scripri auf Wunsch des Herrn Platz Comand. Obr. Prendel
Ritter mehrer Orden

den 12. Sept.
Die an Unterzeichnete übertragende Bewirthung der rusischen Garnison Offiz. gestern am Alex:Tag welche sie bey der Uebernahme schon als ein Geschäft unangenehmer Art betrachteten, wurde es in der Ausführung noch mehr.

Von den eingeladenen Offz. fanden sich nur Acht ein, und diese ihre Stimmung, welche sich wohl durch eine absichtlich gewählte Mäßigkeit, als auch eine nicht zu belebende Stille äuserte, drückte nur zu deutlich Ihre beleidigten Empfindungen und die wahre Ursache des Ausenbleiben der Uebrigen aus. – Auch ließen die Aeuserungen des Herrn Rittmeister von Fermer über die Vermuthung daß sich sämtliche Offiziers durch die abgesonderte Bewirthung zurückgesetzt fühlten keinen Zweifel übrig Ob nun diese Herren Recht oder Unrecht haben, lassen wir unerwähnt und fügen obiges als Rapport über die Ausführung des gedachten Geschäfts dem Protokoll bey.

Haussner
Förster«

Die Festlichkeit scheint kein rechter Erfolg gewesen zu sein. Erneut gefeiert werden soll vier Wochen später. Der erste Jahrestag der Völkerschlacht steht an. Bereits am 12. Oktober macht der Rat der Stadt per Anschlagzettel die *»hohen Orts ertheilten Vorschriften«* zu den Feierlichkeiten bekannt, die am 18. und 19. Oktober mit Gottesdiensten, Prozession, feierlichem »Te Deum«, Glockenläuten und vielem mehr abgehalten werden sollen. Am 19. Oktober predigt in der Nikolaikirche der Theologe Heinrich Gottlieb Tzschirner. Angesichts der unsicheren Zukunftsaussichten für das sächsische Königreich hält sich die Euphorie des einstigen Mitglieds im Banner der Freiwilligen Sachsen in Grenzen:

> *»Auch der Friede, dessen wir uns heute freuen, wird einst wieder im blutigen Kämpfen endigen; auch die Ordnung, in welche die europäischen Völker eintreten, wird nicht alle im gleichen Maße beglücken; auch die neue Verfassung des deutschen Vaterlandes deren Gründung wir entgegensehen, wird nicht jede, selbst nicht jede gerechte Erwartung erfüllen.«*[107]

Der Optimismus vieler Sachsen, die sich unmittelbar nach der Schlacht begeistert dem gemeinsamen Kampf der deutschen Landsleute gegen Napoleon anschlossen, scheint ein Jahr darauf deutlich gedämpft. Am selben Tage findet in Anwesenheit des Stadtkommandanten Prendel und Leipziger Honoratioren im noch von Verwüstung gezeichneten Dorf Probstheida eine orthodoxe Totenmesse für die Gefallenen der Schlacht statt. Mehrere Kaufleute und ein Zimmermann tun sich an jenem Tage zusammen und errichteten ein 30 Ellen hohes Holzkreuz. Ein Schild am von vier Eichen umgebenen Kreuz fordert die Vorbeigehenden in Versen auf, für den Bau eines neuen Gotteshauses zu spenden:

> *»Unter Schutt und Asche liegt die Stätte,*
> *Wanderer, die beim gläubigen Gebete*
> *Sonst des Herrn Gemeinde sah.*
> *Jene Trümmer, die hervor dort ragen,*
> *Ach, sie sagen dir, was in den Tagen*
> *Banger Schrecken hier geschah.*
>
> *Freudig denkst du bei des Kreuzes Zeichen*
> *Deiner Rettung, doch an diesen Eichen*
> *Mahnt auch seltner Taten Beispiel dich:*
> *Blut floß hier für deine höchsten Güter,*
> *Weih auch du dich gern dem Wohl der Brüder,*
> *Und der Nachwelt Dank freut deiner sich.«*

Erinnerung an den 6. Mai 1815 wo mein Nebenmann Born II bei den Dörfern Bierzet und Loncent ohnweit Lüttich erschossen wurde, Aquarell, 1815

Die Probstheidaer Kirche war am Nachmittag während der heftigen Kämpfe zwischen den von Napoleon persönlich geführten Franzosen und den angreifenden russisch-preußischen Einheiten in Flammen aufgegangen. Treuen Anhängern der Alliierten gilt die Errichtung dieses ersten Erinnerungszeichens an die Völkerschlacht auf Leipziger Flur als Ausweis der Dankbarkeit der Leipziger für die Befreiung von Napoleon.

Der Entwurf eines Artikels für den *Allgemeinen Anzeiger der Deutschen* sieht das etwas anders:

> *»In Sachsen wurde von den Russischen Gouvernement der 19te 8ber 1814 zum Feyertag erhoben, daher war es auch kein Wunder daß bey der starken Bevölkerung Leipzigs eine große Menge zur Errichtung des Kreuzes nach Probstheida strömte, welches wohl auch bey einer Puppencomödie, oder einer andern öffentlichen Sache geschehen seyn würde, da zumal das Wetter sehr schön war.«*[108]

Ungeachtet des schönen Wetters versammeln sich des Mittags in der Großen Funkenburg rund 400 Leipziger, die der Generalgouverneur Repnin geladen hat. Der schon erwähnte Redakteur der *Leipziger Zeitung* Siegfried August Mahlmann hält dabei eine Tischrede, die auch im Druck verbreitet wird. Jahrzehnte später findet sich ein Exemplar, in dem ein Leser über Randbemerkungen mit dem Redner ins Zwiegespräch getreten ist. Die Randglossen des anonymen Zwischenrufers offenbaren eine ganz andere

Haltung zur Bedeutung der Völkerschlacht, als sie Mahlmann in seiner Ansprache ölig darlegt. Während Mahlmann Napoleon in einer etwas bemüht wirkenden Weise als *»Tyrann, der sein Glücksrad viele Jahre festhielt und … die Welt damit räderte«*[109] bezeichnet, vermerkt unser Kommentator am Rande: *»Einfaltspinsel! wer hat dein Vaterland gerädert, Russland und Preussen oder Napoleon?«* Während Mahlmann Repnin entgegenschmeichelt: *»Kaum waren die Fesseln gelöst, … da vereinigten sich angefeuert durch Ihren grossherzigen Aufruf, Durchlauchtigster Fürst, die Jünglinge unsres Landes zum Kampfe für Freyheit und Ehre«*, urteilt unser verbitterter Kommentator: *»kurzsichtigen Jünglingen war es zu vergeben. Gutheisen und loben aber, kann es nur ein Dummer oder ein Bestochener.«* Der rhetorischen Frage des Festredners *»Wäre die Entscheidung* [in der Völkerschlacht] *anders ausgefallen, was würde aus der Welt geworden seyn?«* wird ein *»Besser wär's geworden, du Kindkopf«* entgegengeschmettert und der eben gegründete »Verein zur Feier des 19. October« als *»Eine gebrechliche Geburt, die ihren zweyten Geburtstag schwerlich erleben wird«* bezeichnet. Mit einiger Sicherheit wird unser Unbekannter mit seiner Vermutung *»Leipzigs ehrliche Männer«* würden den Tag der Völkerschlacht niemals feiern, nicht völlig allein gestanden haben. Geirrt hat er sich dennoch. Zunächst aber ist die Feier des Jahres 1814 für längere Zeit wirklich die letzte mit einiger Öffentlichkeit. Dass der 1815 in sein geschrumpftes Reich zurückgekehrte König wenig Interesse daran hat, die für ihn so unglückliche Entwicklung auch noch durch alljährliche Feiern zu begehen, ist durchaus nachzuvollziehen.

Dem ersten Leipziger Völkerschlachtdenkmal ist so auch keine lange Lebensdauer beschieden. Als die Beschlüsse des Wiener Kongresses zur Teilung Sachsens vollzogen werden, ebbt bei vielen Leipzigern die nationale Begeisterung für die deutsche Sache ab. Eines Tages stürzt bei stürmischem Wetter das Probstheidaer Kreuz um. Untersuchungen ergeben: Das Kreuz ist heimtückisch angesägt worden. Es ist von einem gefundenen Zettel die Rede, der mit dem Vers *»Hat uns der Preuß' das Land gestohlen, mag auch das Kreuz der Teufel holen«* auf das Motiv des Sägers von Probstheida verweist.

100 Jahre später, am 18. Oktober 1913, lädt der sächsische König alle regierenden Fürsten Deutschlands nach Leipzig. Zusammen mit den Nachkommen der Sieger feiern an diesem Tage auch die Urenkel der deutschen Verbündeten Napoleons die Einweihung eines aberwitzig gewaltigen Siegeszeichens – des Völkerschlachtdenkmals.

Anmerkungen

1 Vgl. Israëls, Han: Schreber. Father and Son, Diss. Amsterdam 1981, S. 37.
2 Kilian, Conrad Joseph: Was soll man in den jetzigen Kriegszeiten thun, um sich gegen die Gefahren des Nerven- und Faulfiebers zu schützen?, Leipzig 1807, S. 1 f.
3 Leipzig, seit dem Einmarsch der Franzosen am 18. Oktober 1806 bis zu dem in Tilsit abgeschlossenen Frieden und Napoleons des Ersten Durchreise, Leipzig 1807, S. 9.
4 Pertz, Georg Heinrich: Das Leben des Feldmarschalls Grafen Neithardt von Gneisenau, Bd. 1, Berlin 1864, S. 122 f.
5 Leipzig, seit dem Einmarsch der Franzosen am 18. Oktober 1806 bis zu dem in Tilsit abgeschlossenen Frieden und Napoleons des Ersten Durchreise, Leipzig 1807, S. 24 ff.
6 Ebd., S. 56 ff.
7 Ebd., S. 78.
8 Ebd., S. 93 f.
9 Ebd., S. 156 ff.
10 Förster, Friedrich: Napoleon's I. Russischer Feldzug 1812, Berlin 1856, S. 12 ff.
11 Vomiren = sich erbrechen, übergeben.
12 Autograph Stadtgeschichtliches Museum Leipzig, ohne Inventarnummer.
13 Burdach, Karl Friedrich: Blicke ins Leben, Bd. 3, Leipzig 1844, S. 195.
14 Erzählung der merkwürdigsten Vorfälle des 26. Juli jenes angstvollen Tages für Leipzigs Bewohner, o. O. (Leipzig) 1809.
15 Vgl. dazu: Burdach, Karl Friedrich: Blicke ins Leben, Leipzig 1848, S. 196.
16 Erinnerungen des Buch- und Musikalienhändlers Friedrich Hofmeister, in: Naumann, Robert: Die Völkerschlacht bei Leipzig, Leipzig 1863, S. 375 f.
17 (Elger, Johann Gottlieb): Verbrennungs-Akt der englischen Waaren in einem launichten Gewande nebst ausführlicher Geschichte der Confiscation in Leipzig, Leipzig 1810.
18 Scherr, Johannes: Blücher. Seine Zeit und sein Leben, Bd. 2, Leipzig 1865, S. 329 f.
19 Autograph Stadtgeschichtliches Museum Leipzig, ohne Inventarnummer.
20 Schaar, Sebastian: Christian Friedrich Frenzel (1780 – 1864). Erinnerungen eines sächsischen Infanteristen an die napoleonischen Kriege, Dresden 2008, S. 119.
21 Förster, Friedrich: Napoleon's I. Russischer Feldzug 1812, Berlin 1856, S. 110.
22 Goethe, Theodor: Aus dem Leben eines sächsischen Husaren und aus dessen Feldzügen 1809, 1812 und 1813 in Polen und Rußland, Leipzig 1853, S. 133 ff.
23 Ebd., S. 132.
24 Autograph Stadtgeschichtliches Museum Leipzig, Inv.-Nr.: A/549/2009.
25 Zit. nach: Witzleben, Carl D. von: Geschichte der Leipziger Zeitung. Zur Erinnerung an das zweihundertjährige Bestehen der Zeitung, Leipzig 1860, S. 72.
26 Zit. nach: Buttkereit, Helge: Zensur und Öffentlichkeit in Leipzig 1806 bis 1813, Berlin 2009, S. 80.
27 Burdach, Karl Friedrich: Blicke ins Leben, Bd. 3, Leipzig 1844, S. 196.
28 E. M. Arndt's Schriften für und an seine lieben Deutschen, Bd. 1, Leipzig 1854, S. 370 f.
29 Zit. nach: Sporschill, Johann: Geschichte des Krieges des verbündeten Europas gegen Napoleon Bonaparte in den Jahren 1813, 1814 und 1815, Braunschweig 1844, S. 181.
30 Gross, Johann Carl: Erinnerungen aus den Kriegsjahren, Leipzig 1850, S. 70.
31 Zit. nach: Schulze, Friedrich: 1813 – 1815, die deutschen Befreiungskriege in zeitgenössischer Schilderung, Leipzig 1912, S. 98 ff.

32 Zit. nach: Poppe, Maximilian: Chronologische Übersicht der wichtigsten Begebenheiten aus den Kriegsjahren 1806–1815, Bd. 2, Leipzig 1848, S. 15.
33 Ebd., S. 27 f.
34 Aufruf Blüchers vom 23.03.1813.
35 Aufruf Eugène de Beauharnais' an die Einwohner der besetzten Länder vom 4.04.1813.
36 Hußell, Ludwig: Leipzigs Geschichte seit dem Einmarsch der Verbündeten im April 1813 bis zur grossen Völkerschlacht im Oktober, Leipzig o.J. (1814), S. 53 f.
37 Colomb, Friedrich August Peter von: Aus dem Tagebuche des Rittmeisters v. Colomb. Streifzüge 1813 und 1814, Berlin 1854, S. 73.
38 Hußell, Ludwig: Leipzigs Geschichte seit dem Einmarsch der Verbündeten im April 1813 bis zur grossen Völkerschlacht im Oktober, Leipzig o.J. (1814), S. 28 ff.
39 Ebd., S. 94.
40 Zit. nach: Schulze, Friedrich: 1813–1815, die deutschen Befreiungskriege in zeitgenössischer Schilderung, Leipzig 1912, S. 86 f.
41 Martens, Christian von: Vor fünfzig Jahren. II. Tagebuch meines Feldzuges in Sachsen 1813, Stuttgart und Oehringen 1863, S. 21 ff.
42 Memoiren des Friedlieb Degenknopf, im Jahre 1813: Feldwebel einer Kompanie Bürger-National-Garde zu Lerchenstadt, Leipzig 1827.
43 Ebd., S. 45 f.
44 Ebd., S. 30.
45 Ebd., S. 103 f.
46 Rochlitz, Johann Friedrich: Tage der Gefahr, Dresden und Leipzig 1911, S. 2 f.
47 Leipzig, seit dem Einmarsch der Franzosen am 18. Oktober 1806 bis zu dem in Tilsit abgeschlossenen Frieden und Napoleons des Ersten Durchreise, Leipzig 1807, S. 124 f.
48 Naumann, Robert: Aus dem Jahre 1813, Leipzig 1869, S. 26.
49 (Meier, Wilhelm): Erinnerungen aus den Feldzügen 1806 bis 1815, Karlsruhe 1854, S. 105 f.
50 Ebd., S. 107.
51 Hußell, Ludwig: Leipzigs Geschichte seit dem Einmarsch der Verbündeten im April 1813 bis zur grossen Völkerschlacht im Oktober, Leipzig o.J. (1814), S. 96 ff.
52 Erinnerungen des Buch- und Musikalienhändlers Friedrich Hofmeister, in: Naumann, Robert: Die Völkerschlacht bei Leipzig, Leipzig 1863, S. 376.
53 Ebd., S. 375.
54 Erinnerungen des Karl August Goldschad, Pfarrer zu Liebertwolkwitz und Großpösna, in: ebd., S. 145 ff.
55 Erinnerungen des Dr. Henze, Pfarrer zu Gautzsch, in: ebd., S. 181 f.
56 Erinnerungen des Dr. Blüher, Pfarrer zu Probstheida, in: ebd., S. 260 f.
57 Odeleben, Otto von: Napoleons Feldzug in Sachsen, im Jahr 1813. Eine treue Skizze dieses Krieges, Dresden 1816, S. 213 ff.
58 Aufzeichnungen eines Leipzigers über die Völkerschlacht, in: Neueste Leipziger Nachrichten, 18.10.1926.
59 Odeleben, Otto von: Napoleons Feldzug in Sachsen, im Jahr 1813. Eine treue Skizze dieses Krieges, Dresden 1816, S. 140 ff.
60 Rochlitz, Johann Friedrich: Tage der Gefahr, Dresden und Leipzig 1911, S. 12 f.
61 Erinnerungen des Dr. E. F. A. Baumann, in: Naumann, Robert: Die Völkerschlacht bei Leipzig, Leipzig 1863, S. 383 ff.
62 Zit. nach: Aster, Heinrich: Die Gefechte und Schlachten bei Leipzig im October 1813. Erster Theil, Dresden 1856, S. 464 f.
63 Naumann, Robert: Die Völkerschlacht bei Leipzig, Leipzig 1863, S. 61 f.

64 Zit. nach: Aster, Heinrich: Die Gefechte und Schlachten bei Leipzig im October 1813. Erster Theil, Dresden 1856, S. 422.
65 Zit. nach: ebd., S. 433.
66 Zit. nach: Förster, Friedrich: Geschichte der Befreiungs-Kriege 1813, 1814, 1815, Berlin 1858, S. 198 f.
67 Tagebuch des Friedrich August Wilhelm Böhme, in: ebd., S. 321 f.
68 Bericht des Oberstadtschreibers Werner, in: ebd., S. 333 f.
69 Bericht des Friedrich Salomon Lucius, in: Naumann, Robert: Aus dem Jahre 1813, Leipzig 1869, S. 5 ff.
70 Erinnerungen des Bäcker-Obermeisters und Stadtverordneten C. Seyffert aus Leipzig, in: Naumann, Robert: Die Völkerschlacht bei Leipzig, Leipzig 1863, S. 356 f.
71 Bericht des Pfarrers Seyfart in Taucha, in: Naumann, Robert: Die Völkerschlacht bei Leipzig, Leipzig 1863, S. 235 f.
72 Tagebuch des Friedrich August Wilhelm Böhme, in: ebd., S. 320 ff.
73 Tagebuch des Generals von Zeschau, zit. nach: Aster, Heinrich: Die Gefechte und Schlachten bei Leipzig im October 1813. Zweiter Theil, Dresden 1856, S. 150 f.
74 Naumann, Robert: Die Völkerschlacht bei Leipzig, Leipzig 1863, S. 93.
75 Aussagen des Postillons Johann Gottfried Gabler, aufgenommen von Friedrich Wilhelm Reinhard, in: ebd., S. 311 ff.
76 Zit. nach: Aster, Heinrich: Die Gefechte und Schlachten bei Leipzig im October 1813. Zweiter Theil, Dresden 1856, S. 230.
77 Aus dem Bericht des Oberstadtschreibers Werner in Leipzig, in: Schmidt, Otto Eduard: Zeitgenössische Berichte über die Leipziger Schlacht vom 16.–19. 10. 1813, Leipzig o. J.
78 Aster, Heinrich: Die Gefechte und Schlachten bei Leipzig im October 1813. Zweiter Theil, Dresden 1856, S. 355.
79 (Ludwig Wilhelm Gottlob Schlosser): Erlebnisse eines sächsischen Landpredigers in den Kriegsjahren von 1806 bis 1813, Leipzig 1846.
80 Zu den verschiedenen alternativen Routen Napoleons aus der Stadt Leipzig vgl. z. B.: Münch, Reinhard: Vive l'Empereur. Napoleon in Leipzig, Leipzig 2009.
Gablers Bericht, in: Naumann, Robert: Die Völkerschlacht bei Leipzig, Leipzig 1863, S. 311 ff.
81 Zit. nach: Aster, Heinrich: Die Gefechte und Schlachten bei Leipzig im October 1813. Zweiter Theil, Dresden 1856, S. 245 f.
82 Autograph Stadtgeschichtliches Museum Leipzig, Inv.-Nr.: A/2815/2009.
83 Erinnerungen des Buch- und Musikalienhändlers Friedrich Hofmeister, in: Naumann, Robert: Die Völkerschlacht bei Leipzig, Leipzig 1863, S. 380f.
84 Leonhardt, Carl Gotthelf: Merkwürdige Ereignisse und denkwürdige Anecdoten aus der Zeit vor, während und nach der Völkerschlacht bei Leipzig, Leipzig 1863, S. 54 f.
85 Ders.: Meine Erlebnisse vor und während der Schlacht bei Leipzig vom 13ten bis zum 19ten October 1813, Leipzig 1854, S. 43 f., 47.
86 Bericht des Pastors zu Wahren und Lindenthal G. Herrnsdorf, in: Naumann, Robert: Die Völkerschlacht bei Leipzig, Leipzig 1863, S. 399 f.
87 Zit. nach: Förster, Friedrich: Geschichte der Befreiungskriege 1813, 1814, 1815, Berlin 1858, S. 376.
88 Wilhelm Friedrich an seinen Vetter in einem Brief aus Leipzig vom 22. 10. 1813, in: Kurzweilige und wahrhafte Beschreibung der Schlachten bey Leipzig, Leipzig 1814, S. 25 f.
89 Leipziger Bekanntmachung des Barons Rosen vom 7. / 19. 10. 1813.
90 Virchow, Rudolf (Hg.): Archiv für pathologische Anatomie und Physiologie und für klinische Medicin, Bd. 3, Berlin 1871, S. 389 ff.

91 Poppe, Maximilian: Chronologische Übersicht der wichtigsten Begebenheiten aus den Kriegsjahren 1806–1815, Bd. 2, Leipzig 1848, S. 197 f.

92 Leuchs, Johann Carl: Zehn Tausend Erfindungen und Ansichten aus einem Leben von 1797 bis Jetzt, Bd. 2, Nürnberg 1820–1832, S. 98.

93 Leonhardt, Carl Gotthelf: Merkwürdige Ereignisse und denkwürdige Anecdoten aus der Zeit vor, während und nach der Völkerschlacht bei Leipzig, Leipzig 1863, S. 60 f.

94 Anschlag des Rates der Stadt Leipzig vom 26. 11. 1813.

95 Hußell, Ludwig: Siegplätze der Völkerschlacht, Leipzig 1815, S. 16.

96 Vgl. General-Gouvernements-Blatt für Sachsen, Bd. 3, 7. 07. – 30. 12. 1814, S. 640.

97 Autograph eines anonymen Briefs vom 7. bzw. 30. 10. 1813, Stadtgeschichtliches Museum Leipzig, Inv.-Nr.: A/2818/2009.

98 Hußel, Ludwig: Leipzig während der Schreckenstage der Schlacht im Monat Oktober 1813 als Beytrag zur Chronik dieser Stadt, Leipzig o. J. (1814), S. 63 ff.

99 Becker, Gottfried Wilhelm: Leipzigs Schreckensszenen im September und October 1813, Leipzig 1813, S. 49ff.

100 Sternburg, Ritter Max Speck von: Landwirthschaftliche Beschreibung des Rittergutes Lützschena bei Leipzig, mit seinen Gewerbezweigen, Leipzig 1842, S. 103 f.

101 Aussage des Direktors der Nikolaischule vom 19. 10. 1853, in: Leipziger Kalender 1913, S. 106 f.

102 Zit. nach: Poppe, Maximilian: Chronologische Übersicht der wichtigsten Begebenheiten aus den Kriegsjahren 1806–1815, Bd. 2, Leipzig 1848, S. 253 ff.

103 Luden, Friedrich: Rückblicke in mein Leben. Aus dem Nachlasse von Heinrich Luden, Jena 1847, S. 11 ff.

104 Bannerlied von Wilhelm Traugott Krug zit. nach: Krumbholtz, Wend: Die Rolle der Leipziger Intelligenz in den Freiheitskriegen, maschinenschriftl. Arbeit von 1954, S. 34.

105 Abschrift aus den Aufzeichnungen des Bannerhusaren Friedrich August Ludwig Ritter aus Rötha (späteren Leipziger Kaufmanns), o. J., Autograph Stadtgeschichtliches Museum Leipzig, Inv.-Nr.: A/2822/2009.

106 Ebd.

107 Rede Heinrich Gottlieb Tzschirners (1778–1828) anlässlich der Feier des ersten Jahrestages der Leipziger Schlacht am 19. 10. 1814, gehalten in der Nikolaikirche, in: Goldhorn, Johann David (Hg.): Predigten, gehalten von Heinrich Gottlieb Tzschirner, Bd. 4, Leipzig 1829, S. 405.

108 Autograph Stadtgeschichtliches Museum Leipzig, Inv.-Nr.: A/1626/2009.

109 Diese und folgende Zitate aus: Wiegandt, Ernst (Hg.): Rede gesprochen am neunzehnten October in Gegenwart Sr. Durchlaucht des Herrn Fürsten Repnin, Leipzig 1910, S. 6 ff.

Literaturhinweise

Ahlemann, Johann Daniel: Der Leipziger Todtengräber in der Völkerschlacht, Leipzig 1863.

Anonymer Brief vom 7. bzw. 10. 10. 1813, Autograph Stadtgeschichtliches Museum Leipzig, Inv.-Nr.: A/2818/2009.

Anschlag des Rates der Stadt Leipzig vom 26. 11. 1813.

Aster, Heinrich: Die Gefechte und Schlachten bei Leipzig im October 1813. Erster / Zweiter Theil, Dresden 1856.

Aufruf Blüchers vom 23. 03. 1813.

Aufruf Eugène de Beauharnais' an die Einwohner der besetzten Länder vom 4. 04. 1813.

Autograph Stadtgeschichtliches Museum Leipzig, Inv.-Nr.: A/1626/2009.

Baumgarten-Crusius, Artur (Hg.): Die Sachsen 1812 in Rußland, Leipzig 1912.

Becker, Gottfried Wilhelm: Leipzigs Schreckensszenen im September und October 1813, Leipzig 1813.

Burdach, Karl Friedrich: Blicke ins Leben, Bd. 3, Leipzig 1844.

Ders.: Blicke ins Leben, Leipzig 1848.

Buttkereit, Helge: Zensur und Öffentlichkeit in Leipzig 1806 bis 1813, Berlin 2009.

Colomb, Friedrich August Peter von: Aus dem Tagebuche des Rittmeisters v. Colomb. Streifzüge 1813 und 1814, Berlin 1854.

E. M. Arndt's Schriften für und an seine lieben Deutschen, Bd. 1, Leipzig 1854.

Förster, Friedrich: Geschichte der Befreiungs-Kriege 1813, 1814, 1815, Berlin 1858.

Friedrich, Rudolf: Der Herbstfeldzug 1813, Berlin 1912.

General-Gouvernements-Blatt für Sachsen, Bd. 3, 7. 07. – 30. 12. 1814.

Goethe, Theodor: Aus dem Leben eines sächsischen Husaren und aus dessen Feldzügen 1809, 1812 und 1813 in Polen und Rußland, Leipzig 1853.

Goldhorn, Johann David (Hg.): Predigten, gehalten von Heinrich Gottlieb Tzschirner, Bd. 4, Leipzig 1829.

Gross, Johann Carl: Erinnerungen aus den Kriegsjahren, Leipzig 1850.

Grosse, Carl (Hg.): Die grosse Völkerschlacht bei Leipzig im Jahre 1813, eine Erinnerungsschrift an Leipzig's Schreckenstage während derselben, Leipzig 1841.

Günther, Felix: Die Schlüsselstellung Markkleeberg in der Völkerschlacht bei Leipzig, Markkleeberg 1938.

Handschriftliche Kopie aus den Aufzeichnungen des Bannerhusaren Friedrich August Ludwig Ritter aus Rötha, o. J., Autograph Stadtgeschichtliches Museum Leipzig, Inv.-Nr.: A/2822/2009.

Hußell, Ludwig: Leipzig während der Schreckenstage der Schlacht im Monat Oktober 1813 als Beytrag zur Chronik dieser Stadt, Leipzig o. J. (1814).

Ders.: Leipzigs Geschichte seit dem Einmarsch der Verbündeten im April 1813 bis zur grossen Völkerschlacht im Oktober, Leipzig o. J. (1814).

Israëls, Han: Schreber. Father and Son, Diss. Amsterdam 1981.

Johnston Otto W.: Der deutsche Nationalmythos, Stuttgart 1990.

Kilian, Conrad Joseph: Was soll man in den jetzigen Kriegszeiten thun, um sich gegen die Gefahren des Nerven- und Faulfiebers zu schützen?, Leipzig 1807.

Krumbholtz, Wend: Die Rolle der Leipziger Intelligenz in den Freiheitskriegen, maschinenschriftl. Arbeit von 1954, Stadtgeschichtliches Museum Leipzig, Bibliothek, Signatur: Völk 385.

Leipziger Anschlag vom 20. 12. 1813.

Leipziger Anschlag vom 8. 08. 1814.

Leipziger Bekanntmachung des Barons Rosen vom 7. / 19. Oktober 1813.

Leipziger Kalender 1913.

Leipziger Kalender 1914.

Leonhardt, Carl Gotthelf: Meine Erlebnisse vor und während der Schlacht bei Leipzig vom 13ten bis zum 19ten October 1813, Leipzig 1854.

Leonhardt, Carl Gotthelf: Merkwürdige Ereignisse und denkwürdige Anecdoten aus der Zeit vor, während und nach der Völkerschlacht bei Leipzig, Leipzig 1863.

Leuchs, Johann Carl: Zehn Tausend Erfindungen und Ansichten aus einem Leben von 1797 bis Jetzt, Bd. 2, Nürnberg 1820 – 1832.

Luden, Friedrich: Rückblicke in mein Leben. Aus dem Nachlasse von Heinrich Luden, Jena 1847.

Martens, Christian von: Vor fünfzig Jahren. II. Tagebuch meines Feldzuges in Sachsen 1813, Stuttgart und Oehringen 1863.

Michailowsky-Danilewsky, Alexander Iwanowitsch: Denkwürdigkeiten aus dem Feldzuge vom Jahre 1813, Dorpat 1837.

Münch, Reinhard: Vive l'Empereur. Napoleon in Leipzig, Leipzig 2009.

Naumann, Robert: Aus dem Jahre 1813, Leipzig 1869.

Ders.: Die Völkerschlacht bei Leipzig, Leipzig 1863.

Neueste Leipziger Nachrichten vom 18. 10. 1926.

o. A. (Elger, Johann Gottlieb): Verbrennungs-Akt der englischen Waaren in einem launichten Gewande nebst ausführlicher Geschichte der Confiscation in Leipzig, Leipzig 1810.

o. A.: Erzählung der merkwürdigsten Vorfälle des 26. Juli jenes angstvollen Tages für Leipzigs Bewohner, o. O. (Leipzig) 1809.
o. A.: Kurzweilige und wahrhafte Beschreibung der Schlachten bey Leipzig, Leipzig 1814.
o. A.: Leipzig, seit dem Einmarsch der Franzosen am 18. Oktober 1806 bis zu dem in Tilsit abgeschlossenen Frieden und Napoleons des Ersten Durchreise, Leipzig 1807.
o. A.: Leipziger Chronik während der Drangsale und Schrecknisse des im Sommer 1813 erneuerten Krieges, Leipzig o. J.
o. A. (Meier, Wilhelm): Erinnerungen aus den Feldzügen 1806 bis 1815, Karlsruhe 1854.
o. A.: Memoiren des Friedlieb Degenknopf, im Jahre 1813: Feldwebel einer Kompanie Bürger-National-Garde zu Lerchenstadt, Leipzig 1827.
o. A.: Sachsen und seine Krieger in den Jahren 1812 und 1813, Leipzig 1829.
o. A. (Schlosser, Ludwig Wilhelm Gottlob): Erlebnisse eines sächsischen Landpredigers in den Kriegsjahren von 1806 bis 1813, Leipzig 1846.
o. A. (Vieth, Johann Justus von): Auszüge aus den Papieren eines Sachsen, Meißen o. J. (1843).
Odeleben, Otto von: Napoleons Feldzug in Sachsen, im Jahr 1813. Eine treue Skizze dieses Krieges, Dresden 1816.
Otto, Karl Emmerich: Die französische Verwaltung in Sachsen im Jahre 1806 mit besonderer Berücksichtigung der Stadt Leipzig, Inaugural-Diss. Leipzig o. J.
Pertz, Georg Heinrich: Das Leben des Feldmarschalls Grafen Neithardt von Gneisenau, Bd. 1, Berlin 1864.
Poppe, Maximilian: Chronologische Übersicht der wichtigsten Begebenheiten aus den Kriegsjahren 1806–1815, 2 Bde., Leipzig 1848.
Richter, Erwin Bruno: Siegfried August Mahlmann. Ein sächsischer Publizist am Anfang des XIX. Jahrhunderts, Dresden 1934.
Rochlitz, Johann Friedrich: Tage der Gefahr, Dresden und Leipzig 1911.
Rühlmann, Paul: Die öffentliche Meinung in Sachsen während der Jahre 1806 bis 1812, Gotha 1902.
Schaar, Sebastian: Christian Friedrich Frenzel (1780–1864). Erinnerungen eines sächsischen Infanteristen an die napoleonischen Kriege, Dresden 2008.
Scherr, Johannes: Blücher. Seine Zeit und sein Leben, Bd. 2, Leipzig 1865.
Schmidt, Otto Eduard: Zeitgenössische Berichte über die Leipziger Schlacht vom 16.–19. 10. 1813, Leipzig o. J.
Schulze, Friedrich: 1813–1815, die deutschen Befreiungskriege in zeitgenössischer Schilderung, Leipzig 1912.

Sporschill, Johann: Geschichte des Krieges des verbündeten Europas gegen Napoleon Bonaparte in den Jahren 1813, 1814 und 1815, Braunschweig 1844.
Sternburg, Ritter Max Speck von: Landwirthschaftliche Beschreibung des Rittergutes Lützschena bei Leipzig, mit seinen Gewerbezweigen, Leipzig 1842.
Töpel, Roman: Die Sachsen und Napoleon. Ein Stimmungsbild 1806–1813, Dresdner Historische Studien, 8, Köln 2008.
Undatierter Anschlag des Obristen Prendel aus dem Jahre 1814.
Virchow, Rudolf (Hg.): Archiv für pathologische Anatomie und Physiologie und für klinische Medicin, Bd. 3, Berlin 1871.
Wiegandt, Ernst (Hg.): Rede gesprochen am neunzehnten October in Gegenwart Sr. Durchlaucht des Herrn Fürsten Repnin, Leipzig 1910.
Witzleben, Carl D. von: Geschichte der Leipziger Zeitung. Zur Erinnerung an das zweihundertjährige Bestehen der Zeitung, Leipzig 1860.
Zirges, Wilhelm: Sachsen in den Jahren 1813 und 1815, oder wie das so gekommen ist, Leipzig 1839.